LÉON HUGONNET

CHEZ LES BULGARES

PARIS
NOUVELLE LIBRAIRIE PARISIENNE
ALBERT SAVINE, ÉDITEUR
18, RUE DROUOT, 18
1888

CHEZ LES BULGARES

LÉON HUGONNET

CHEZ LES
BULGARES

PARIS

NOUVELLE LIBRAIRIE PARISIENNE
ALBERT SAVINE, ÉDITEUR
18, RUE DROUOT, 18

1888

sauve par les correspondants spéciaux qu'elle répand dans le monde entier et qui sont si habiles à renseigner leurs compatriotes sur leurs véritables intérêts, tout en contribuant à égarer l'opinion publique dans les autres pays. On peut dire qu'aujourd'hui les correspondants spéciaux sont les véritables ambassadeurs, car ils s'adressent à l'opinion qui, partout, a plus de poids que les protocoles au milieu desquels s'endorment les diplomates.

Je ne connais pas de profession plus noble. Au lieu de se livrer à des commentaires sur un fait qui n'a peut-être pas eu lieu, quoi de plus intéressant que de s'exposer aux fatigues, à la faim, au maladies et aux dangers pour aller à la conquête de la vérité! Quelle joie de pouvoir réfuter les nouvelles à sensations, fabriquées dans les agences étrangères pour influencer la Bourse!

La supériorité des Anglais tient uniquement à ce qu'ils ont des ressources considérables. Certains correspondants spéciaux coûtent à leur journal 100,000 francs par an depuis dix ans. Ils n'ont pas plus de qualités que les journalistes français. Beaucoup se grisent. D'autres ont un mauvais caractère, qui les rend insupportables dans les pays qu'ils parcourent. Il est vrai qu'ils savent très bien rédiger les dépêches. Mais leur grand avantage, c'est de dépenser beaucoup d'argent et de savoir s'en servir, quelquefois sans scrupule. Ils achètent leurs informations comme les généraux anglais gagnent leurs batailles.

L'infériorité des publicistes français vient de ce que l'organisation du grand reportage n'est pas permanente. Si l'on attend qu'une guerre soit déclarée pour partir, on risque d'arriver trop tard, car aujourd'hui c'est souvent au début que se livrent les combats décisif, le succès dépendant principalement de la rapidité de la mobilisation. Au contraire, lorsqu'on se met en route dès que l'on pressent des événements graves, on s'expose à des dépenses inutiles. Quand des journaux se décident à faire de douloureux sacrifices, ils sont obligés d'employer des rédacteurs plus ou moins habitués à la vie sédentaire, qui sont surpris de ne pas rencontrer au dehors

OBJET DE CE LIVRE

Aujourd'hui l'opinion est la seule souveraine légitime en Europe. Aucun gouvernement ne peut lutter contre elle. On a vu la Russie elle-même se laisser entraîner, en 1877, par le courant panslaviste. Mais cet irrésistible mouvement des esprits n'est pas déterminé par des polémiques ou des prédications. Un simple énoncé de faits, plus ou moins impar·tial, est plus puissant que toutes les déclama-tions au sujet desquelles les peuples com-mencent à être blasés.

La publicité est plus redoutable que toutes les finesses de la diplomatie. On a vu, en France, un ministère renversé, l'orientation de la politique générale complètement modi-fiée et la forme du gouvernement mise en

péril, par un vulgaire télégramme, rédigé
d'une façon lamentable. Il semble qu'aujour-
d'hui les destinées des nations soient suspen-
dues aux fils du télégraphe. De là vient la
nécessité, pour un pays soucieux de ses intérêts, d'être exactement renseigné, sans recourir à des informations suspectes émanant
de l'étranger.

Nous sommes loin du temps où Méry
s'écriait : « Hélas ! nous n'avons jamais,
nous, pauvre soldats de la plume, le bonheur
d'être envoyé aux frais de l'État, sur de bons
vaisseaux, dans les parages classiques, pour
étudier nos questions d'Orient. » Pourtant, je
dois constater que les journalistes français et
les hommes politiques ne voyagent pas
encore assez.

Malheureusement l'organisation de la
presse française est déplorable. La multipli-
cité de journaux, absolument inutiles, empêche d'employer cet admirable système d'informations que possède la presse anglaise.
Gordon disait que l'Angleterre a été faite par
des aventuriers. On peut ajouter qu'elle se

le même confortable qu'en France, et qui
remplissent leurs correspondances de jéré-
miades. On a vu de ces voyageurs, atteints
par la maladie, découragés par de perpé-
tuelles déceptions, renoncer au but de leur
entreprise. D'un autre côté, ceux qui sont
rompus aux fatigues, habitués à la vie des
camps, les militaires notamment, ne con-
servent pas toujours les aptitudes nécessaires
ni l'indépendance d'esprit suffisante pour voir
clairement les choses, sans parti pris et sans
être tentés de prendre leurs désirs pour des
réalités.

Je crois posséder quelques-unes des qualités indispensables et cela tient à ce que j'ai pu
faire mon apprentissage dans la fréquentation
de reporters anglais. Du reste, je justifiais la
confiance que *la France* avait mise en moi, par
les nombreux voyages que j'avais déjà faits en
Orient. J'ai visité, en 1872, la Roumanie à
laquelle j'ai consacré un volume. Cette même
année, j'avais longé, sur le Danube, la rive bulgare depuis Routschouk jusqu'à Widdin. J'a-
vais parcouru la Bulgarie, en 1877-78, pendant la guerre turco-russe; j'ai voyagé en

s'intéresser non seulement aux paysages, aux mœurs des habitants, mais aux institutions politiques, aux traditions historiques, aussi bien qu'à l'organisation militaire. Un autre défaut des écrivains qui ont de grandes prétentions littéraires, c'est de faire des descriptions synthétiques, laissant supposer que ce qu'ils ont vu est éternel. Je crois rester plus près de la vérité en notant, comme Stendhal, le moment précis où ont eu lieu mes observations, en indiquant exactement la date. Je pense que ce livre peut être comparé à une photographie instantanée, mais faite par un homme ayant assez l'expérience du pays pour savoir discerner les choses importantes à reproduire et les points de vue les plus intéressants pour l'observateur. De tous les ouvrages publiés sur la Bulgarie, je n'en connais pas qui en donne une vision plus exacte et qui mette mieux à sa place ce petit peuple qui a déjà causé la grande et terrible guerre de 1877 et qui menace de mettre le feu à l'Europe.

L. H.

CHEZ LES BULGARES

I

DE PARIS AU DANUBE

Grâce à la société internationale des wagons-lits, j'ai éprouvé, dans le train de l'*Orient-Express,* la même sensation que sur un bateau à vapeur. En sortant de la salle à manger, où j'avais dîné très convenablement, j'ai voulu écrire dans le fumoir. Il y avait un peu de tangage, de sorte que mon écriture ressemblait à celle d'un homme ivre; mais j'étais satisfait d'avoir comblé une lacune dans mon existence. Je me souviens d'être monté en ballon, d'être descendu dans le cratère du Vésuve, d'avoir gravi le sommet de la grande pyramide, d'être entré dans la grotte d'Azur et de bien d'autres choses, mais jamais je n'avais accompli un si long trajet avec un confortable pareil.

Les voyages en chemin de fer n'instruisent pas autant que ceux que l'on faisait à pied, au temps de Thalès et de Pythagore, si l'on en croit J.-J. Rousseau. Aujourd'hui on est lancé, d'un point à un autre, comme un projectile. Ce système a du moins cet avantage que l'on peut traverser la *Gallia irredenta*, sans que les regards soient affligés par la vue des conquérants étrangers.

Dans les pays où je vais, il est inutile d'avoir beaucoup de bagages, parce qu'on est à peu près sûr de les perdre ; leur transport coûte d'ailleurs presque aussi cher que celui du voyageur. Grâce à l'habitude que j'ai contractée de ne pas m'embarrasser inutilement, je n'ai pas eu le moindre rapport avec les douaniers allemands. A Avricourt, j'ai entendu, dans le compartiment voisin, un organe peu mélodieux demander : *Haben sie quelque chose à déclarer?* Mais on n'est pas venu dans la chambre à deux lits que j'occupais avec le beau-frère de M. de Coutouly, le nouveau ministre de France à Bucarest. La famille de notre ancien confrère, venant de Mexico, se rendait en Roumanie.

La seule chose que j'aie remarquée à Strasbourg, c'est que la gare était éclairée à la lumière électrique. Le lendemain matin, dans le pays des Burgraves, j'ai eu, à la faveur d'un ciel sans nuages et d'un soleil éclatant, une vision du bon vieux temps. J'ai découvert quelques coins oubliés de l'ancienne et poétique Allemagne méridionale. Dans le lointain, sur les collines boisées, la neige faisait ressembler les branches des arbres à des cheveux de vieillards ; dans la vallée apparaissaient des clochers en poivrières, comme on les appelait avant l'invention du moulin à poivre.

Ce style se retrouve, du reste, dans tout le bassin du Danube. C'est un mélange gracieux de byzantin et de gothique. J'ai revu également quelques-unes de ces vieilles maisons allemandes, si pittoresques, avec leurs immenses toits à plusieurs rangs de lucarnes, s'ouvrant comme les sabords d'un navire, leurs étages déborbant, en encorbellement, ainsi qu'un escalier renversé et dont les architectes semblent avoir cherché la solution du problème de faire tenir la pyramide sur la pointe.

Mais cette évocation du passé s'évanouit rapidement, comme un décor de féerie. Bientôt un brouillard épais produisit un désagréable changement à vue et jusqu'à Vienne je n'aperçus plus rien. Je me rendais compte du changement de pays à la couleur des casquettes des employés de chemin de fer. La casquette rouge indique le Wurtemberg, comme la casquette bleue annonce la Bavière; enfin le képi à trois ponts enseigne que l'on est en Autriche.

Rien n'est désagréable comme d'arriver la nuit dans une grande capitale. On est obligé d'y dormir, ce qui est du temps perdu. Mieux vaut sommeiller en wagon et employer à observer les heures que l'on est contraint de passer dans une aussi belle cité que Vienne. Le train n'allant pas plus loin, j'ai été forcé de m'arrêter.

Le lendemain matin, 19 novembre 1885, j'ai tenu à voir quelques personnages importants, afin de me rendre compte de ce que l'on pensait en Autriche. C'est à Vienne que se trouve le nœud de la question d'Orient et que pouvait être tranché le conflit serbo-bulgare, lequel n'avait par lui-même aucune importance, s'il restait localisé, l'unique danger étant de mettre aux prises l'Autriche et la Russie.

Je me suis rendu à la direction des chemins de fer de l'État et j'espérais y trouver le directeur-général, M. de Serres, l'homme éminent qui, pendant la guerre franco-allemande, est venu organiser, avec tant de compétence et de patriotisme, les transports de la défense nationale. Mais il était parti pour Budapesth. J'ai été reçu par le principal fonctionnaire de cette administration aussi importante qu'un ministère. Ce personnage, avec une courtoisie charmante, m'a fait délivrer un permis pour Budapesth. Il ne pouvait m'accorder plus, car les chemins de fer autrichiens sont maintenant séparés de ceux de Hongrie dont la direction est à Pesth.

Ce que m'a dit mon interlocuteur, sans que j'aie eu l'indiscrétion de le questionner, m'a semblé résumer assez exactement la pensée du gouvernement austro-hongrois. Comme celui-ci est un des principaux intéressés dans la question d'Orient, il n'est pas inutile de savoir ce qu'il pense.

Le succès des Bulgares à Slivnitza a surpris tout le monde. Mais on s'en est consolé facilement, parce qu'il a donné satisfaction à la vanité bulgare. Si les Serbes avaient été constamment victorieux, la paix aurait été plus difficile à conclure, car les Bulgares se seraient obstinés dans la lutte avec l'énergie du désespoir. Leur écrasement complet aurait pu produire, en Russie, un irrésistible mouvement d'opinion en leur faveur et le gouvernement du Tzar risquait d'être entraîné. Alors l'Autriche, qui a fait son possible pour contenir les Serbes, se trouvait dans la cruelle alternative ou de sacrifier ses intérêts et son influence dans la presqu'île des Balkans, ou d'entrer en lutte avec la Russie.

Le gouvernement autrichien éprouve à l'égard des Serbes le même mécontentement que la Russie au sujet de ses clients bulgares. Il est humiliant pour les deux empires d'être remorqué par de petits pays, peu civilisés, auxquels l'Europe a donné des armes et qui sont impatients de jouer au soldat, pour satisfaire l'ambition et la vanité de quelques jeunes gens, élevés à l'étranger et qui se font illusion sur la valeur de leurs compatriotes. Sans les encouragements de l'Angleterre, le conflit n'aurait pas éclaté. Mais le gouvernement anglais ne poursuivait qu'un but électoral. Le marquis Salisbury voulait obtenir l'approbation de son rival, M. Gladstone. Il a réussi à lui enlever un de ses arguments.

Lorsque je me suis présenté à l'ambassade française, dans la matinée, le suisse, trop zélé, m'a dit que l'ambassadeur n'était pas encore habillé et que je devais repasser après déjeuner. Je n'insistai pas, et je revins un peu plus tard. Je fus introduit, par un superbe chasseur, au costume pittoresque, dans une grande galerie vitrée ; puis, après avoir traversé un immense salon tout doré, je pénétrai dans un cabinet de proportions démesurées, avec un renfoncement semblable à la scène d'un théâtre et à un sanctuaire, où brûlait un énorme bûcher. On se serait cru dans le temple de Vesta.

L'ambassadeur, assis à son bureau, se leva et me salua le premier, suivant la politesse exquise de l'Orient, où c'est toujours le supérieur qui commence les salutations.

— Cette question d'Orient, me dit-il, est extrêmement grave et on ne s'en occupe pas assez à Paris. On est absorbé par des préoccupations électorales. C'est bien regrettable.

— Pourriez-vous me donner, sans incon-

vénients, quelques indications sur la politique
autrichienne?

— L'Autriche a fait tout ce qu'elle a pu
pour retenir les Serbes. Mais ces petits
peuples sont des enfants gâtés et indociles.
Le roi Milan aurait peut-être été renversé
s'il avait résisté au courant de l'opinion. C'est
un malheur pour ces petits États qui commençaient à être prospères et qui seront complètement ruinés.

— Je pense que la politique française ne
doit avoir qu'un objectif: le respect des traités,
car ce principe, sur lequel nous nous ap-
puyons, en Chine et en Egypte, fait également
notre sauvegarde en Europe. Le traité de
Francfort lui-même est, pour nous, une
garantie de sécurité. N'est-ce pas votre opinion?

— Je suis absolument de cet avis et je ne
partage pas la manière de voir de M. Leroy-
Beaulieu qui vient de m'envoyer un important
article écrit, par lui, contre le traité de Francfort. C'est ce traité qui empêche tous les pro-

jets économiques de M. de Bismarck et qui fait obstacle à l'union douanière entre l'Autriche et l'Allemagne. Il contient des clauses qui nous sont très favorables. Il s'agit de savoir s'en servir.

Après avoir pris congé de M. Foucher de Careil, qui m'engagea à venir le voir, à mon retour, je suis allé passer quelques instants au Café Central, où l'on trouve beaucoup de journaux. J'espérais y recueillir les impressions des politiciens viennois. Mais là tout le monde lit et fume. Personne ne cause. A ce propos, je dois signaler un fait montrant bien l'esprit méthodique et analytique des Viennois, qui poussent à l'excès la division du travail et la spécialisation.

Au café, on ne boit que du café et de l'eau. Dans les hôtels on loge, mais on ne mange pas habituellement. La bonne bière se boit dans les restaurants, en mangeant, mais non comme rafraîchissement entre les repas, ainsi que cela se fait chez nous. On ne la boit, de cette façon, que dans les

établissements nocturnes, où les gens sérieux
ne vont pas et où elle est de fort mauvaise
qualité. Dans les hôtels, le même goût pour
la spécialité se retrouve. Il y a des bonnes
chargées du linge et de ce qui concerne la
toilette, des garçons préposés aux chaussures
et aux vêtements des voyageurs ; d'autres
enfin ont la mission d'allumer, dans le corridor, des foyers invisibles qui communiquent
la chaleur à de petits édifices creux, en faïence,
placés dans un coin de la chambre et qui, par
leurs forme de tabernacles, intriguent fort les
étrangers novices, car on ne peut en comprendre l'utilité, puisqu'ils n'ont aucune ouverture apparente. Ces hôtels sont remarquables par l'absence de pendules, l'exiguïté des
lits et la propreté générale.

Avant de quitter Vienne, je me suis pro-
curé les cartes que l'état-major autrichien a
dressées de la presqu'île des Balkans. L'édition
de 1884 est plus complète que celle que je
possédais en 1877. Elle contient l'indication
des forêts tintées en vert. Moins exacte que

celle de l'état-major russe, elle est plus facile à lire, car les noms sont écrits en caractères latins.

Dans le train qui m'a amené à Pesth, j'ai remarqué la forme ingénieuse des wagons. Ils possèdent un petit corridor latéral, où les voyageurs peuvent se promener, et conduisant à un cabinet de nécessité, sur la porte duquel on lit ces mots qui ne rappelent en rien le parfum féminin, si bien décrit par Sarcey : *Arnyékézék Abort*. Dans ces wagons, il y a également tout ce qu'il faut pour la toilette. Chaque compartiment contient une carte émaillée, fixée contre la boiserie, représentant les chemins de fer de Hongrie et indiquant toutes les stations. Il y a deux filets superposés pour les paquets de différentes dimensions.

Pour avoir de l'air chaud, il suffit de tourner une manivelle. Chaque voyageur est assis dans un fauteuil capitonné qu'il peut avancer à volonté, s'il désire mettre ses jambes sur celui qui est en face. A chaque extrémité du

couloir, il existe une manivelle qu'il suffit de
tourner pour donner un signal d'alarme correspondant avec la machine. Ce mouvement
brise un fil scellé, ce qui permet au chef de
train de reconnaître le wagon où le signal a
été donné. Si on a agi sans motif, on s'expose
à une amende de 20 florins. Le couloir latéral
a l'avantage de ne pas exposer les voyageurs
à être dérangés inutilement, ni refroidis par
l'ouverture incessante des portières. Les personnes qui montent dans le train regardent à
travers la glace s'il y a de la place. Lorsqu'un
compartiment est presque vide, tandis que celui d'à côté regorge de monde, on peut, pendant le trajet, se répartir plus commodément
Il faut ajouter que les wagons sont éclairés au
gaz. Je n'ai jamais vu nulle part rien de plus
confortable. Ces voitures se fabriquent à
Pesth.

Voilà un progrès réel et que MM. Raynal
et Rouvier auraient bien dû imposer aux
Compagnies de chemins de fer français, en
échange des conventions dont ils les ont gra-

tifiées. J'avais pour compagnons de voyage deux personnages silencieux, qui attachèrent une petite lanterne de poche, au dossier de leur fauteuil et ne cessèrent de lire, pendant tout le trajet. Nous étions partis à quatre heures. J'ai eu le désagrément d'arriver à Budapesth, à dix heures du soir. Tous les magasins étaient fermés. Cette ville, aux larges rues désertes et peu éclairées, est absolument lugubre à pareille heure.

L'Hôtel de l'Europe, où j'étais descendu, possède des appartements très élevés et un escalier monumental. Mais il est fort cher.

Le drogman me conduisit à un café où j'entendis un de ces orchestres féminins, que l'on retrouve dans tout l'Orient et qui n'ont pas un grand charme pour moi, car je ne connais pas de plus bel instrument que la voix humaine. Mon guide me dit que les affaires étaient nulles, en ce moment, ce qui arrive presque toujours à la suite des expositions. Ceux qui ont gagné de l'argent, les juifs principalement, l'économisent et n'entreprennent rien, les autres sont encore plus prudents. Je retrouvai, à l'hôtel, le même ameublement que j'avais observé à Vienne. Je remarquai que les draps de lit étaient boutonnés après la couverture, coutume qui s'est introduite en Roumanie et en Serbie.

Le lendemain, 21 novembre, malgré la pluie et la boue, je visitai la ville, où je n'avais fait que passer en 1872. Je la trouvai bien embellie. De l'hôtel, situé au bord du Danube, la vue est superbe. Sur la rive opposée Bada est dominée par de belles collines. Un beau pont suspendu y conduit. Sur la grande place du Couronnement, en face de mes fenêtres, se dresse la statue du comte Szechenyi. Dans le port, la population est assez misérablement habillée. Toutefois, ici comme partout, c'est dans le peuple qu'on trouve le plus de couleur locale, bien que le costume national soit devenu rare. Les chariots sont traînés par des chevaux, dont les colliers sont couverts de grosses plaques de cuivre rondes. Tout le harnais est orné de cuivres d'un travail assez original. Le goût des chevaux est peut-être ce qui distingue le mieux les Maghyars. La gare centrale est un vaste monument, d'un style plus élégant que celles de Paris. Je suis parti à 2 heures et demie pour Belgrade.

Dans le wagon que j'occupais, il y avait des officiers et des négociants qui causaient en hongrois. Je regardais par la portière les vastes plaines, riches et monotones, que nous traversions, sans découvrir beaucoup de villages. A Szegedin, la plupart des voyageurs descendirent et je restai seul, en compagnie d'un commerçant hongrois parlant bien le français et avec lequel je causai jusqu'à Semlin. Il me raconta qu'il avait habité la Bosnie. A Seraievo, il confiait de l'argent aux Turcs, sans leur demander de reçu et ils le rendaient toujours, tandis qu'il ne pouvait jamais avoir confiance dans les Serbes, même après avoir obtenu trois reçus. Suivant mon interlocuteur le Montenegro serait entré en campagne si l'Autriche ne l'entourait pas, le condamnant à l'inaction. Je lui demandai si réellement l'Autriche pensait marcher vers Salonique et voulait recommencer la faute commise en Bosnie :

— Pour le moment nous n'y songeons pas. Mais nous espérons y aller plus tard, car la Hongrie n'a pas de port sur la mer Égée. En tout cas, nous empêcherons les autres d'y aller.

Les Hongrois passent pour le peuple le plus turcophile de l'Europe. D'après cette réponse, jugez un peu s'ils ne l'étaient pas.

Après avoir traversé le Danube, sur un beau pont en fer, nous arrivons de nuit à Peterwardein.

Cette ville à été fondée en l'honneur de Pierre l'Ermite, qui rassembla les croisés, en ce lieu, où se livra, en 1716, une bataille célèbre, gagnée par le prince Eugène, et dont le récit se trouve dans les recueils classiques de morceaux choisis. La citadelle de Peterwardein est formidable et peut contenir 10,000 hommes. Cette ville est le chef-lieu des confins militaires de Slavonie.

Elle était autrefois le boulevard de l'Autriche et pouvait menacer Belgrade, mieux que l'inoffensive Semlin, où nous arrivons vers neuf heures du soir. Une demi-heure après nous traversons la Save sur un pont en fer et nous sommes à Belgrade. La nouvelle gare monumentale n'étant pas encore livrée au public, on descendait par une série de plans inclinés, en planches, faisant l'office de quai ; on passait sous un hangar où des douaniers visitaient les bagages. Un agent de police s'empara des passeports qu'il ne savait pas lire et dit qu'on les réclamerait le lendemain au consulat. Les voitures étant réservées pour les blessés, il était interdit aux voyageurs d'en prendre. Un portefaix prit ma valise, un commissionnaire, à casquette galonnée et parlant allemand, me conduisit à pied jusqu'au grand hôtel, par une série de rues en pentes, mal éclairées au pétrole et complètement désertes. Un vent froid soufflait, avec une violence telle que ma pelisse ne pouvait rester boutonnée. Le grand hôtel est la propriété du roi Milan.

Il ressemble à une caserne, avec une galerie intérieure et une grande cour plantée d'arbres. Je retrouvai le petit lit autrichien avec le drap cousu à la couverture, le poêle en fonte de forme cylindrique. La violence du vent m'empêcha de dormir. A cet hôtel sont annexés un restaurant et un café, mais on paye à la mode hongroise, c'est-à-dire que les consommations se prennent au comptant.

II

LE PEUPLE, L'ARMÉE ET LA POLITIQUE SERBES

Le plus pressé pour moi était d'arriver sur le champ de bataille, car il ne me suffisait pas de rester dans les coulisses de la guerre. Rejoindre l'armée n'était pas facile, car jusqu'alors l'autorisation avait été refusée à tous les correspondants étrangers. En pareille circonstance, rien ne sert de courir. J'aurais pu aller, sans permission, à Slivnitza, en risquant d'être expulsé. J'ai préféré agir plus lentement et plus sûrement. Pour cela, je me suis d'abord adressé, dès le lendemain de mon arrivée, c'est-à-dire le 22 novembre, à M. Millet, qui gère la léga-

tion de France. Il m'a paru comprendre,
avec intelligence, la situation et le rôle
important que la France pourrait jouer si
elle le voulait.

Le ministre des affaires étrangères étant
absent, je me suis présenté, avec une lettre
de notre chargé d'affaires, au directeur du
bureau politique, M. Danitch, qui m'a fort
bien accueilli et m'a promis de télégraphier,
le jour même, au quartier-général pour
obtenir que la rigoureuse consigne soit levée
en ma faveur. Il m'a appris qu'une commission avait interrogé les blessés serbes et que
plusieurs avaient été maltraités par les soldats Bulgares, qui essayaient de les achever à
coups de baïonnette.

Les entretiens que j'ai eus avec des diplomates ou des fonctionnaires serbes me per-
mettent d'exposer le point de vue où se
plaçait la nation serbe. Mais tout d'abord,
je dois dire que, sans interroger personne,
il suffisait, pour connaître les aspirations de
ce peuple, de regarder, à la vitrine des li-

braires, deux cartes que l'on vendait. La première est celle de l'empire serbe, tel qu'il s'étendait avant la mémorable bataille de Cossova, livrée par Mourad en 1389. Cet empire comprend la Bosnie, la Bulgarie, la Macédoine, l'Illyrie, l'Epire et la Thessalie. Il va jusqu'à Andrinople et l'embouchure de la Maritza à l'Est. Au Sud, il est limité par le golfe de Corinthe. La seconde carte, dite ethnographique, dressée par le professeur Dragasch Gégligovatz, étend la race serbe jusqu'à la Thessalie et lui donne presque toute la Macédoine, sans oublier la Bosnie et la Dalmatie. Comment veut-on qu'une nation, à laquelle on donne un pareil enseignement, ne soit pas mécontente de la partialité et de l'ignorance des diplomates qui réservent leurs faveurs à la Bulgarie ?

Les Serbes ont leur grande idée, comme les Grecs qui rêvent la restauration de l'empire d'Alexandre. Pour les modérer, il faut contenir également les aspirations des autres races. M. de Bismarck comparait, un jour, la France à Apollon qui, par jalousie, a fait écorcher Marsyas. La même image s'appliquérait plus exactement à la Serbie. Il faut dire que cette jalousie se comprend, car les Serbes se considèrent comme victimes d'une injustice. Depuis quatre-vingts ans, ils luttent pour leur indépendance. Ils ont été souvent écrasés et la répression a été parfois terrible, ainsi que le prouve la tour des crânes, élevée aux environs de Nich, en 1806. Les Bulgares se sont donnés la peine de naître. Ces enfants gâtés et ingrats, habitués à des faveurs imméritées, n'ont jamais lutté pour conquérir leur émancipation. C'est pour cela, m'a dit M. Danitch, qu'ils ne respectent pas les droits des autres. Ils ne savent pas ce que la liberté a coûté à leurs voisins. Leurs hommes d'Etat sont comme des champignons qui ont poussé en une nuit. Ils se croient tout permis et ils pensent, comme les joueurs heureux ou les fils de famille, que tout leur réussira. Le traité de Berlin a limité les aspirations des peuples de la presqu'île des Balkans. Il faut

que tous le respectent ou que l'Europe rende
à chacun sa liberté d'action. Alors la victoire
appartiendra, comme l'héritage d'Alexandre,
au plus digne.

Ce qui est arrivé est imputable à l'Angleterre. Les conservateurs ont essayé d'empêcher, par ce moyen, le retour aux affaires
des libéraux. Le danger de la lutte, si elle
s'était prolongée, c'est qu'elle pouvait amener
un conflit entre l'Autriche et la Russie.

Ce qui me frappa le plus, dans ce pays,
c'est l'impassibilité des habitants. On ne se
serait nullement douté que l'on était en
guerre. Rien ne rappelait la surexcitation
de Paris, en 1870, ni même l'agitation de
Constantinople, en 1877. Les Serbes seraient-
ils plus fatalistes que les Turcs? L'indifférence populaire pour les graves événements,
me rappelait l'inertie et la résignation que
j'avais constatées, il y a huit ans, chez les
Bulgares de Sofia. Belgrade était, en ce moment, une ville morte. Tous les magasins
fermaient quand arrivait la nuit. De rares

commerçants étrangers jouaient au domino dans les cafés. Les rues désertes, à peine éclairées par quelques lampes à pétrole. Aucun centre de réunion, ni le moindre journal. De temps à autre, on vendait, dans les rues, un télégramme officiel que peu de personnes achetaient et qu'on ne commentait pas fiévreusement dans les groupes. On ne constatait aucun de ces procédés, employés dans d'autres pays pour faire vibrer la corde patriotique. On semblait la redouter, par crainte de la révolution. L'agitation n'existait que dans les sphères officielles, où l'on faisait une guerre plutôt politique et dynastique que nationale.

Une autre particularité, c'est que les paysans qui arrivaient, pour obéir à l'appel du deuxième ban de la réserve, avaient absolument le même type et le même costume que les Bulgares : la veste et le pantalon bouffant à la turque, fait avec le grossier drap brun appelé *sayk* dans les Balkans. Beaucoup portaient des fez graisseux, la chaussure d'Alba-

nie et de Bulgarie, le *tchourouk*, sorte
d'espadrille, faite avec une forte semelle de
buffle et un filet en ficelle s'enroulant autour
d'un gros bas de laine ou de peau de mouton.

On a persuadé à ces hommes qu'ils étaient
Serbes plutôt que Bulgares et ils le croyaient.
Pendant longtemps la religion était la seule
distinction existant entre les peuples de la
presqu'île des Balkans. Il y avait des musulmans, des catholiques et des orthodoxes.
Puis l'archéologie s'en est mêlée, ainsi que
l'ethnologie et la politique, et alors on est
arrivé à des distinctions artificielles. Rien
n'est moins scientifique que ces groupements
arbitraires. Il est impossible à l'homme im-
partial d'accepter les prétentions de l'une
quelconque de ces races, car celles des autres
sont également justifiées ; les arguments in-
voqués par l'une peuvent l'être également
par les autres. Si les Serbes revendiquent les
anciennes conquêtes de leur tzar Douchan,
les Bulgares peuvent, eux aussi, rappeler

que leurs *krals* ont possédé un vaste empire. Les Grecs n'ont pas moins de raisons d'affirmer qu'Alexandre avait trouvé, pour la question d'Orient, une solution qui a duré sept siècles. Enfin les Ottomans peuvent soutenir à juste titre que, depuis le 13 juin 1389, qui a vu l'anéantissement de l'empire serbe, il y a une prescription suffisante. Où en serait l'Europe si on réclamait le *statu quo ante 1389*? Que deviendraient la Russie et l'Allemagne?

L'argument qui consiste à dire que la constitution d'un fort État sur le Danube est le seul moyen de barrer la route au slavisme et au germanisme, s'applique aux Serbes aussi bien qu'aux Bulgares et aux Grecs. Il est encore plus vrai en ce qui concerne les Turcs, qui sont une puissance militaire de premier ordre. Comment veut-on que de petits États de deux à trois millions d'habitants réussissent mieux qu'un grand empire de quarante millions? Il faut avoir la naïveté du marquis de Salisbury pour le croire. La vérité, c'est qu'il n'y a qu'une solution : la réconciliation de ces petits peuples avec la Turquie, pour former une confédération orientale. Il faut délimiter chaque race, en tenant compte des exigences politiques et militaires, en donnant à toutes une frontière naturelle, sans s'occuper des statistiques de fantaisie.

D'après le dernier recensement fait en 1884, la population totale de la Serbie est de 1,962,419 habitants.

Il y avait en 1878, 4,178 catholiques, 465 protestants, 3,492 juifs, 13,367 musulmans, 17,776 turcs, 2,193 albanais et 27,289 tziganes. Le reste est serbe et suit la religion orthodoxe.

Ce qui m'a semblé caractériser l'attitude de la population serbe, c'est une résignation tout à fait orientale. La nation était d'autant plus méritoire qu'elle n'avait pas trop l'air de savoir pourquoi elle se battait. Ce qu'elle comprenait, c'est qu'il y avait un devoir à accomplir et elle l'acceptait sans enthousiasme, mais avec résolution. Le pays a été engagé par des politiciens médiocres et les opérations conduites par des militaires de second ordre, mais le dévouement du peuple était absolu. Les hommes, appartenant au second ban de la réserve, sont généralement mariés, établis; ils ont atteint un âge où l'on aspire au repos et, pourtant, ils tenaient tous le raisonnement suivant :

— On a eu tort de ne pas nous appeler plus tôt, car nous sommes aguerris, nous avons combattu les Turcs. Nous aurions pu soutenir et conseiller les jeunes gens qui sont braves, mais inexpérimentés. Maintenant que nous sommes en route, tout ira pour le mieux.

Du reste, toutes les classes de la population rivalisaient de zèle. De petits employés, ne gagnant pas plus de soixante francs par mois, n'étaient même plus payés et cependant abandonnaient un tiers des appointements qu'ils ne touchaient plus. Les dons volontaires affluaient, tous les propriétaires de

chevaux et de voitures étaient mis en réqui-
sition. Les dames travaillaient activement
pour les blessés, celles de la colonie française,
qui sont nombreuses, se distinguaient par
leur empressement.

J'ai vu arriver à la gare, transformée en
ambulance, tout un convoi de blessés. Il y
avait, de chaque côté de l'avenue, une longue
file de spectateurs, parmi lesquels les femmes
étaient en majorité. Au passage des voitures, aucun signe visible d'émotion ne se
trahissait sur les visages. Lorsqu'on appor-
tait, sur des brancards, des soldats à l'aspect
cadavérique, pas une larme ne s'échappait des
beaux yeux des jeunes filles; leur jolie bouche
ne lançait aucune exclamation. Du reste, je
n'ai entendu ni plainte, ni cris de douleur de
la part des blessés. Les voitures de la cour,
avec leurs cochers, en livrée blanche et à petit
bicorne porté en bataille, ne cessaient de cir-
culer dans les rues, conduisant des blessés,
portant, aux ambulances, du linge et des mé-
dicaments. Il y avait un joli petit lieutenant à

képi blanc, à dolman bleu et à culotte rouge,
qu'on voyait partout où se trouvaient les
équipages de la reine. Il se prodiguait beaucoup, pour exécuter les ordres de sa gracieuse
souveraine, qui du reste était fort bien se-
condée par mademoiselle Catargi.

Le 24 novembre j'ai assisté à un enterre-
ment de première classe. Le char, traîné par
quatre chevaux, ressemblait à nos anciennes
voitures du sacre, avec cette différence que les
ornements étaient en argent sur fond noir. A
travers les glaces, on apercevait une bière en
bois noir doré. Le corps n'est pas exposé,
comme en Roumanie, aux regards de la
foule, mais les couvercles sont ornés avec un
luxe qui est de la prodigalité. Cette cérémonie manquait de solennité. En tête du cortège,
on promenait deux croix, l'une en or et une
autre en bois noir garnie d'un crêpe, puis deux
files d'une douzaine d'enfants portaient des soleils entourant des images. Ensuite venaient
quatorze popes, en grand costume. Au milieu
d'eux des chanteurs à gages, de temps à

autre, poussaient des notes graves, monotones comme le glas de nos cloches, ou le
coup de baguette de nos tambours aux enterrements militaires.

Les tombes, sans aucune originalité,
possèdent toutes une lanterne, qu'on vient
allumer certains jours de fête. Au milieu
du cimetière se trouve une petite église
qui semble servir de vestiaire. A peine arrivés
là, les enfants de chœur et les popes se hâtaient de se dépouiller de leurs ornements
pour s'en retourner, avec un empressement
quelque peu cynique. Autour de la fosse un
seul prêtre récita une courte prière et les
jeunes chanteurs exécutèrent, en riant, des
morceaux de leur répertoire. Ce manque de
respect choquerait le Parisien le plus sceptique, car à Paris un seul culte a survécu, c'est
celui des morts.

Avant de quitter le cimetière, j'ai assisté à
un appel de réservistes. On avait installé une
petite table de campagne au milieu de la
pelouse ; un capitaine, aidé d'un sergent et

d'un comptable, pointait sur un registre les hommes qui répondaient à l'appel de leur nom.

Presque tous avaient un bidon en fer battu et un sac en laine grossière, brune, semblable aux musettes avec lesquelles on donne à manger aux chevaux en Algérie. Quelques-uns portaient de ces besaces, encore très répandues en Orient, formées de deux sacs, réunis par une pièce d'étoffe munie d'un trou, ce qui permet de les placer indifféremment sur la selle d'un cheval ou au cou d'un piéton. Je ne sais si on avait choisi intentionnellement le cimetière pour habituer les réservistes à l'idée de la mort ; mais cette précaution eut été bien superflue, car tous paraissaient indifférents. D'autres détachements de paysans, en costume rouméliote, me parurent même assez joyeux de partir. Pourtant on ne leur avait donné que des fusils Peabody, à tabatière. Il n'y avait pas de Mausers pour tout le monde.

Lorsque je vis pour la première fois les

soldats serbes, je crus les reconnaître et je ne pouvais me rappeler dans quelle circonstance. Ce qui égarait ma mémoire, était leur ressemblance avec les Roumains que j'avais vus, en effet, en 1872. L'infanterie serbe est habillée de bleu foncé avec cols et passepoils verts. Les soldats ont une tunique, une capote, un bonnet rond et un pantalon de cette couleur. Les officiers sont coiffés d'un képi bleu à bande verte. Les soldats portent, en campagne, la même chaussures que les Turcs et les Bulgares, le *tchourouk*, sorte de gros bas de feutre avec une semelle en buffle, attachée par des lanières s'enroulant autour de la jambe. L'arme est le Mauser-Obrenovitch, dont la hausse porte à 2,500 mètres, ce qui est un malheur, car les soldats, n'étant astreints qu'à un service de six mois, n'ont pas le temps de devenir de bons tireurs et ils brûlent inutilement leurs munitions à de très grandes distances.

La cavalerie porte la même coiffure que l'infanterie, une veste bleue à la mode autri-

chienne et un pantalon rouge enfoncé dans
les bottes. Les chevaux, achetés en Hongrie,
sont bons, mais on en tire un parti assez
médiocre. L'artillerie a adopté tardivement
le canon de Bange, mais elle n'avait pas
reçu les pièces commandées à l'usine Cail,
de sorte qu'elle était contrainte de se servir de
vieux canons français, du modèle antérieur à
1870. Des expériences comparées ont eu lieu
pendant trois mois, à Belgrade, entre les
pièces de Krupp, Armstrong et de Bange. A la
même distance, les projectiles lancés par le
de Bange, pénétraient plus profondément
dans les plaques métalliques. Ce qui a séduit,
c'est la simplicité du mécanisme. Comme il
n'y a pas une vis dans la culasse, on peut
demonter la pièce avec un clou. Grâce à un
système d'affût particulier, la mise en batterie se fait ave une rapidité qu'admirent les
attachés militaires étrangers. Il suffit de poin-
ter une des pièces et de communiquer un
chiffre aux autres, pour qu'instantanément
toutes soient prêtes à faire feu.

Le corps qui ressemble le plus à l'armée roumaine, c'est celui de la police. Les hommes ont un képi gros bleu, à bande rouge. La capote bleu foncé est ample et peut se mettre par-dessus un autre vêtement. Le collet est large et facile à relever, les manches, retroussées en parement, peuvent s'allonger à volonté. Ces vêtements, bien préférables à la ridicule capote française si étriquée, ont des poches sur le côté. Elles sont plus longues que les nôtres. Les agents portent un hausse-col avec un gros numéro matricule, des pattes rouges sur les épaules, un revolver dans un étui retenu par un cordon vert. Le pantalon disparaît dans les bottes. La gendarmerie porte un bonnet en peau d'agneau noir, une tunique et une culotte marron soutachée de rouge.

Les officiers étrangers qui étaient entrés dans l'armée serbe, en 1876, avaient emporté une mauvaise opinion du courage et de l'intelligence des chefs. Le roi Milan n'avait pas non plus la réputation d'un brave. Il s'était toujours tenu, à cette époque, loin du champ de bataille, ainsi que son aide de camp, Miloutine Ivanovitch qui, bien que n'ayant jamais vu le feu, s'est trouvé appelé, par la faveur royale, à diriger les opérations contre la Bulgarie. Les Serbes ont trois généraux plus expérimentés. L'un, le meilleur, Horvatovitch, se trouvait à Saint-Pétersbourg avec une fonction diplomatique. Les deux autres avaient des commandements secondaires, Lechianine devant Viddin et Topalovich à l'extrême droite.

Les Serbes n'ont pas de corps d'état-major, ni un service d'éclaireurs capables de les renseigner exactement sur les mouvements de l'ennemi. Malgré les défauts de leur organisation, les hommes compétents étaient unanimes à prédire leurs succès. Du reste, en 1866, la plupart des militaires croyaient aussi à la victoire de l'Autriche. Cela prouve qu'il faut se méfier des opinions toutes faites et qu'il y a toujours des surprises à la guerre. Cette réflexion est bonne à faire au point de vue français, car on ne doit jamais rester sous l'impression d'une expérience antérieure. Notre armée ne ressemble nullement à celle que nous avions en 1870. De même que les Russes avaient tort, en 1877, de trop dédaigner, au début, l'armée turque, les Serbes n'ont pas fait assez de cas des Bulgares. Un seul militaire, en Europe, avait cru au succès de ces derniers, c'est M. Caffarel, attaché à l'ambassade de Constantinople. Ayant assisté aux manœuvres des deux pays, il a conclu en faveur des Bulgares, ce qui fait honneur à la perspicacité de notre jeune armée.

Les Serbes ont commis la même faute que nous, en 1870. Ils ont éparpillé leurs forces tout le long de leur frontière. Ils espéraient faire des mouvements tournants, pour envelopper l'armée bulgare, ils ont essayé de la stratégie allemande. Mais lorsqu'ils furent à quelques kilomètres de Sofia, ils ignoraient que cette ville était défendue par deux bataillons et ils n'osèrent pas y entrer, ce qui était

pourtant bien facile. Le principe de Moltke :
marcher séparés et frapper réunis est excellent en théorie. Mais il n'est pas toujours
applicable. Dans les Balkans, les routes sont
rares et les colonnes, qui les suivent, séparées
par de hautes montagnes, ne peuvent communiquer facilement entre elles ni se soutenir
mutuellement.

Pour chaque pays, il faut un genre de
guerre particulier. L'Algérie était impossible
à conquérir par le système européen. C'est
Bugeaud qui l'a reconnu le premier, car la
difficulté, dans cette contrée, est de ravitailler
les troupes et il est nécessaire d'avoir de petites
colonnes mobiles. De même, dans les Balkans, on doit adopter un genre de guerre spécial. La possession des défilés a une importance exceptionnelle. Ce qui serait une im-
prudence ailleurs, est quelquefois un acte de
sagesse. La marche téméraire de Gourko, en
1877, a décidé de la victoire, car il a pu
s'emparer facilement du défilé de Chipka, où
est venu se briser Suleymann, ce qui a para-

lysé les mouvements des autres armées turques. Il est, sans doute, excellent d'adopter
une stratégie offensive et une tactique défensive. Mais les manœuvres, à la manière allemande, bonnes quand on est le plus nombreux et qu'on possède les moyens de transports rapides des peuples civilisés, sont dangereuses dans des contrées montagneuses et peu
accessibles. Le hasard a servi le prince
Alexandre, qui se trouvait, avec son armée,
loin de la frontière, quand ses ennemis ont pris
l'offensive. S'il s'était trouvé prêt pour attaquer le premier, il aurait été peut-être moins
heureux, tandis qu'il a pu profiter des fautes
des Serbes. Voyant ceux-ci disséminés, sur
une distance énorme, il a concentré ses forces sur un seul point, de sorte que les deux
tiers de l'armée serbe devenaient inutiles. Le
grand avantage qu'il y a à prendre l'offensive
au début, c'est de pouvoir empêcher la concentration de son adversaire. Mais à vitesse
égale, lorsque les deux pays ont les mêmes
procédés de mobilisation, il serait peut-être

bon d'attendre que l'ennemi ait dessiné son plan et lorsque toutes ses armées sont en marche par des routes différentes, de se jeter, avec toutes ses forces, sur l'une d'elles, afin de l'écraser. Du reste je reviendrai sur ce sujet à propos de l'armée bulgare et des champs de bataille.

L'armée serbe, en temps de paix, avait un effectif de 5 régiments d'infanterie à 3 bataillons de 4 compagnies. Elle comprenait 5 escadrons de cavalerie et 5 régiments d'artillerie. Au moment de la mobilisation, chaque compagnie formait le cadre d'un bataillon et chaque escadron celui d'un régiment de 4 escadrons ; ce qui donnait 60 bataillons, 24 escadrons et 46 batteries, plus une batterie de forteresse, 11 compagnies et 3 sections du génie, 16 compagnies de pontonniers et 5 régiments du train. On obtenait en tout 70,000 combattants et 264 canons. Mais ce système, très économique, avait le défaut de ne donner que des cadres insuffisants. Du reste les soldats, ne servant que six mois n'avaient pas une instruction assez complète. La réserve du second ban donnait 60 bataillons, 10 escadrons et 20 batteries, et la landsturm produisait encore 60 bataillons sur le papier. Mais il n'y avait pas de cadres pour tout ce monde. Le système bulgare est plus avantageux parce qu'il organise d'une façon permanente des cadres assez nombreux. Du reste j'aurai l'occasion de l'exposer avec plus de détails. Je dois ajouter que, depuis les derniers événements, l'armée serbe est en pleine réorganisation.

III

BELGRADE

La ville blanche, *Beograd*, dont nous avons fait Belgrade, qui ne signifie rien, occupe un promontoire élevé, au confluent de la Save et du Danube. Cet emplacement rappelle en petit celui de Stamboul. Il a dû séduire les Turcs, auxquels il rappelait leur capitale et ils ont construit une citadelle, à l'extrémité du cap qui a la forme d'un nez, *bornou* en turc. L'enceinte de la forteresse décrit un arc de cercle de la Save au Danube, comme celle qui entoure la pointe du Séraï, entre la Corne d'Or et la mer de Marmara. Une place, qui a conservé son nom turc,

Kalé-Méïdan ou place de la forteresse, aujourd'hui transformée en bosquet, sépare la citadelle de la ville. C'est là qu'était le *Conaq*, résidence des gouverneurs turcs. L'ancienne colonie romaine de Singidunum n'acquit une certaine importance militaire que sous la domination des Turcs, qui la surnommèrent *Dar-el-djihad*, la maison de la guerre sainte. Le centre de la ville devait être autour de cette forteresse où l'on aurait pu construire le palais du roi, sur l'emplacement le plus élevé et le plus pittoresque. La colline va en s'abaissant, depuis ce point jusqu'à l'extrémité de la cité. On a démoli l'ancien quartier turc qui occupait l'espace le plus rapproché de la citadelle et on y a percé des rues parallèles à la crête de la colline. Il n'y a aucun monument sur le sommet que l'on aurait pu orner comme les collines de Stamboul. La cathédrale est sur le versant nord. On a beaucoup construit dans le nouveau quartier. Les rues sont larges, mais ne sont pas éclairées au gaz; le seul monument qui possède ce genre d'éclairage est le théâtre. La fabrique se trouve dans le voisinage et on emploie, à cet usage, une petite mosquée qui ne manque pas de style et que l'on devrait réparer, au lieu de la laisser détériorer par cette industrie révoltante. Il semble que l'on ait hâte de la voir tomber en ruines, pour effacer tout souvenir de la domination ottomane. On voit encore quelques fontaines turques au milieu des places. Sur celle du théâtre, on remarque une statue équestre représentant Michel, le fondateur de la dynastie des Obrenovitch. La ville turque, ou vieille ville, qui est aujourd'hui le quartier neuf, contient l'hôpital, la bibliothèque, les hôtels, la cathédrale. Elle était autrefois entourée par un demi-cercle de murs démolis aujourd'hui et de boulevards plantés d'arbres, au delà desquels se trouve la ville gouvernementale, avec les ministères et le palais, et qui s'étend sur les pentes de la colline, dans la direction des vallées qui séparent la presqu'île de Belgrade des montagnes voisines. L'habitation du roi a conservé le

3.

nom turc de *Conaq*. Tout à côté, on a construit un nouveau palais, perpendiculaire au premier. Il est orné de cariatides et surmonté de deux coupoles en forme de couronnes dorées, ce qui est bien ambitieux. Au sommet, flotte le pavillon serbe. En continuant à suivre la rue Térasia, on atteint la route de *Topchi-dèré*, le vallon des Artilleurs, en turc, où se trouve un jardin qui est la promenade favorite des habitants de Belgrade. Le port de la ville se trouve sur la rive droite de la Save. On a dépensé en constructions des sommes considérables, hors de proportion avec les ressources de la ville et le nombre des habitants. Les hôtels, les restaurants sont nombreux. Dans plusieurs établissements, on entend des orchestres de femmes, ainsi que dans tout l'Orient. On boit du café turc, mais on ne fume pas de narghilès. Des Albanais, en costume national, vendent des fruits, des confitures, même des plats turcs, tels que le *chich kebah* fait avec de petits morceaux de viande rôtie à la brochette. La couleur locale n'a pas complètement disparu. Les paysans portent le costume rouméliote en sayak brun. Les fez sont beaucoup plus répandus qu'en Bulgarie. Le commerce européen est entre les mains des juifs qui répandent la langue allemande et les produits de l'Autriche. Ce fut une consolation pour moi de ne pas apercevoir le moindre chapeau haut de forme. Même les consuls et les ministres s'habillent simplement et proscrivent l'horrible coiffure imaginée par les Américains et pour laquelle le tuyau de poële a servi de modèle. Beograd pourrait être une belle cité. L'emplacement est bien choisi. Malheureusement elle n'a pas de centre. La vie se trouve dispersée, loin du centre historique et naturel qui est la forteresse. Ici, comme dans beaucoup de cités musulmanes devenues chrétiennes, on a commencé par détruire l'harmonie existante, par démolir les anciens quartiers, et on a reconstruit, au hasard, sans plan arrêté, sans tenir compte des besoins de la population, ni des lignes du paysage que respectaient les

anciens, qui savaient si bien utiliser les beautés
de la nature. Belgrade contient environ 6,000
étrangers. Cette cité, qui était turque, est en
train de devenir autrichienne. Ce n'est pas un
progrès bien réel, surtout au point de vue artistique. La civilisation des Turcs est plus française qu'allemande, aussi les progrès de l'imitation autrichienne ne peuvent que favoriser
le germanisme et diminuer l'influence française.

J'ai remarqué beaucoup de maisons en
construction, la plupart en briques. Presque
partout, les travaux avaient été abandonnés
depuis la guerre. En plusieurs endroits, les
matériaux étaient portés par des femmes, au
sommet des échafaudages. On a dit que la civilisation d'un peuple se jugeait d'après le
rang qu'y occupe la femme. Au Montenegro,
les femmes servent de bêtes de somme ; en
Bulgarie, on les attèle parfois à la charrue.
Les Serbes, comme les Roumains, les utili-
sent pour aider les maçons, le progrès est
sensible. Les jolies femmes, du reste, sont

plus rares qu'en Roumanie, mais moins in-
trouvables qu'en Bulgarie. La population de
la capitale serbe est de 35,741 habitants.

L'ancienne citadelle turque est toute une
ville, occupant presque autant de superficie
que l'autre. Elle s'étend sur un vaste plateau
qui, du côté du Danube, se termine par un
rocher à pic d'une cinquantaine de mètres.
Elle était autant dirigée contre la ville que
contre le fleuve. On y pénètre en traversant
un large fossé et en franchissant trois portes
dont l'une, garnie de fer, est très curieuse.
Les murs en briques sont fort élevés. Aux an-
gles, on remarque de jolies échauguettes qui
servaient à abriter les factionnaires. Un étrange
bruit de fer indique l'enclos qui sert de
bagne.

Dans la première cour, on a construit une
maison moderne, très blanche, où habite le
commandant. Au pied du rocher, une seconde
enceinte suit le cours du fleuve. C'est un autre
vaste camp retranché qui contient de grandes
casernes turques. On a conservé un ancien

bain turc, qui a même été blanchi à la chaux
et sur la porte duquel on a écrit, en caractères français, le mot *Hamam*, sans tenir un
compte suffisant de l'orthographe.

Une ancienne porte turque, une petite
église orthodoxe, sont les seules curiosités.
Une vieille maison, sans fenêtres, qu'avait
habitée le prince Eugène, attirait autrefois les
étrangers. On l'a démolie récemment, sans
motif apparent, comme du reste il est question de détruire toute la forteresse, uniquement pour se procurer du terrain, afin d'agran-
dir la ville qui occupe déjà un espace hors de
proportion avec le nombre des habitants. Du
côté du fleuve, il y a des batteries rasantes,
avec des embrasures profondes et demi-circu-
laires.

Cette citadelle est certainement la plus
grande curiosité de Belgrade. Je me hâte de
la mentionner avant qu'elle n'ait disparu,
comme l'enceinte turque et les anciennes
portes de la ville. Les nations formées du démembrement de la Turquie ont hâte de voir

disparaître tout ce qui rappelle la domination
ottomane. Les Grecs de Corfou font tout
leur possible pour obtenir la démolition d'une
porte surmontée du lion ailé de Venise. Ils
ont déjà brisé le nez du buste de Morosini,
le conquérent de la Morée. Je dois dire que
les Turcs n'ont pas ce sentiment de jalousie
rétrospective et qu'ils respectent la colonne
serpentine, la colonne brûlée, l'obélisque de
Théodose, la pyramide de Valens, la vieille
enceinte de Byzance et tant d'autres monuments.

Dans l'ancienne caserne turque de la forteresse, j'ai vu un certain nombre de prisonniers bulgares. Les uns portaient la casquette
verte et la tunique de même couleur, imitées de
l'uniforme russe; d'autres avaient un petit bonnet d'astrakan noir avec une croix de cuivre;
presque tous s'enveloppaient dans la grande
capote russe, d'un gris particulier, faite avec
du drap du pays. C'est triste à dire, mais cette
capote, avec ses poches, son large collet, ses
manches qui se retroussent, ou s'allongent à

volonté, son ampleur qui permet de mettre en dessous des vêtements fourrés, est bien supérieure à la capote étriquée, sans collet et à manches étroites, dont on affuble nos soldats. Plusieurs Bulgares portaient le *bachelik* russe, capuchon en drap jaunâtre dont les pointes croisées sur la poitrine s'attachent derrière le dos, ou s'enroulent autour de la tête comme un cache-nez.

Ces hommes avaient des physionomies beaucoup plus éveillées que celles que j'avais observées en 1877. Il est surprenant qu'un peuple puisse changer en si peu de temps. Il y avait, parmi eux, de petits brun s à barbe noire et de grands blonds. Un jeune officier, qui avait la tête nue, m'assura que, depuis quinze jours, on ne leur donnait que du pain et de l'eau. Je lui promis de faire connaître le régime auquel on les soumettait. Mais j'aurais pu lui répondre que c'était celui que ses compatriotes infligeaient aux voyageurs étrangers, car je me souvenais d'avoir parcouru leur pays, sans avoir réussi à me procurer autre chose que du pain et de l'eau. Les paysans m'assuraient que, pendant le carême qui dure un mois, on ne mangeait que du pain en Bulgarie. C'est donc un régime auquel les prisonniers devaient être habitués. Du reste, on m'a assuré que les soldats serbes, qui se battaient à Slivnitza, étaient restés trois jours sans manger.

Il est assez naturel qu'avant de songer aux ennemis on s'occupe des combattants. Mais ce n'est pas une raison pour que j'approuve la manière dont étaient traités ces prisonniers, qui restaient enfermés dans une grande salle, obligés de s'asseoir à terre et ne pouvant prendre l'air que deux heures par jour. On aurait pu, sans inconvénient, les mettre dans une cour et les autoriser à faire venir de la nourriture à leurs frais, ce qu'on leur refusait, disaient-ils.

Dans la cour, un certain nombre de paysans, portant le costume turc, avec le fez, étaient couchés sur le sol. Un professeur polonais, qui m'accompagnait et qui habite depuis longtemps le pays, leur demanda s'ils étaient Bulgares. Ils répondirent qu'ils étaient Serbes et qu'ils venaient visiter des parents blessés. Ainsi un Slave était incapable de reconnaître un Serbe d'un Bulgare. N'est-ce pas une preuve que toutes ces distinctions de races sont purement conventionnelles? Les diplomates, avec leurs groupements arbitraires, ne font que de l'archéologie.

IV

SEMLIN. — LES PORTES DE FER

Je suis allé deux fois à Semlin, le 26 et le
29 novembre, et je ne puis oublier que l'il-
lustre auteur des *Orientales* a écrit un vers
dont il m'est difficile de trouver la justifi-
cation :

Belgrade et Semlin sont en guerre

a dit l'immortel poète du *Danube en colère*.
Or, je vis bien l'immense forteresse de Belgrade, mais je cherchais vainement les fortifications de Semlin. Les deux cités, qui se
regardent comme des chiens de faïence, oc-

cupent les deux extrémités d'une courbe décrite par le Danube. Elles sont dans des positions qui pourraient se menacer. Mais l'une est désarmée. Il y a toutefois, au sommet de Semlin, un plateau où l'on pourrait établir une citadelle ou un camp retranché. Cette petite ville, dont le véritable nom croate est *Zemunu*, est à vingt minutes de distance de Belgrade, par le bateau à vapeur.

Pour y aller, il est nécessaire de faire viser son passeport ou simplement timbrer une carte de visite ; mais l'employé serbe, chargé de ce service, ne vient au bureau qu'à une heure. Je me suis rendu à Semlin, à bord de l'*Arad*, qui porte en poupe un pavillon formé des couleurs austro-hongroises : rouge, blanc, rouge, près de la hampe, et rouge, blanc, vert, à l'autre bout, avec les deux écussons d'Autriche et de Hongrie. Les navires du Lloyd danubien ont un gouvernail à l'avant, aussi bien qu'à l'arrière. L'embarcadère de Belgrade est situé dans la Save, près de son confluent. On y voit un certain

nombre de paysannes croates qui traversent
le fleuve, pour venir vendre leurs produits, au
marché de la capitale serbe. Elles portent sur
l'épaule un bâton recourbé, avec un panier
à chaque bout. Quelques-unes ont des traits
aussi purs que les vierges de Raphaël, avec
le coloris du Titien en plus.

Semlin n'a qu'une grande rue principale et
une église de chaque côté, l'une avec un clocher de style slave, rouge et or, l'autre sans
caractère. Les étrangers habitant Belgrade
font faire d'excellentes affaires à la poste et au
télégraphe de Semlin, parce que l'administration serbe a la déplorable habitude d'ouvrir
les lettres et de supprimer les télégrammes. Il
faut que les employés aient bien du temps à
perdre. Le quai de Semlin est ombragé par
de grands arbres. De ce point, on voit très
bien le clocher de Belgrade, dont les ors res-
plendissent au soleil. Le reste de la ville disparaît derrière la citadelle qui occupe tout le
premier plan. La défense de l'Autriche, de ce
côté, est un peu plus loin, à Peterwardein. Du

reste, dans l'avenir, Belgrade et Semlin
seront moins en guerre que jamais, car la
politique ne peut que rapprocher la Serbie de
l'Autriche.

La France a, en Serbie, des intérêts économiques considérables. C'est elle qui a fait
les chemins de fer et qui tient les finances du
pays ; c'est grâce à nous qu'un emprunt de
25 millions a pu être couvert ; le système dé-
cimal français a été introduit ; les monnaies
sont les mêmes qu'en France, avec cette différence que les Serbes ont renoncé aux pièces
de billion pour la petite monnaie de nickel, si
propre et si commode, que nous avons le plus
grand tort de ne pas avoir encore adoptée.
C'est à la France que la Serbie s'est adressée,
de préférence à l'Allemagne, pour obtenir la
fourniture de ses canons. Le roi, qui a été
élevé en France, s'est si bien assimilé nos
idées que, de l'aveu de ses ministres, il pense
d'abord en français, puis il traduit sa pensée
en serbe ; c'est dans notre langue qu'il écrit à
la reine Nathalie. Celle-ci, qui est d'origine

roumaine, ne veut plus, depuis 1870, parler
l'allemand. qu'elle avait étudié autrefois. Du
reste elle connaît très bien notre littérature,
et elle en parle avec assez d'enjouement.
Cette femme supérieure montra une constance admirable pendant le conflit serbo-bulgare; elle prodiguait ses soins aux blessés et
ses encouragements à tous. La plupart des
ministres, des généraux et des fonctionnaires
parlent français.

Aucune puissance ne trouverait, dans ce
pays, autant de sympathie que nous, si les
avocats qui nous gouvernent étaient moins
ignorants des choses du dehors. De même
que nous avons tout fait pour jeter les Roumains dans les bras de l'Allemagne et que
nous avons abandonné aux Autrichiens les
chemins de fer de la Turquie qui étaient français, nous avons risqué également, en nous
mettant un instant à la remorque de l'Angleterre, de nous aliéner la nation serbe qui se
germanise chaque jour davantage. Les classes
dirigeantes seules parlent le français; mais

dans les magasins, les hôtels et les cafés, on parle beaucoup allemand. Il y a bien encore dans les hôtels quelques chefs français, nous n'avons pas perdu la réputation d'être les premiers cuisiniers du monde. On lit sur la carte des restaurants des mots qui rappellent vaguement la France, tel que *Voul-à-vent Colbart, Omelette aux confutures, Salat sellerie*. Mais cela me semble insuffisant.

Je me suis cramponné, autant que je l'ai pu, dans ce pays où tout le personnel des chemins de fer est français, où nous avons une importante colonie de capitaux, où notre langue, nos modes, notre civilisation et notre influence sont encore sans rivales. La Serbie, dont les aspirations sont toujours très françaises, me semblait plus intéressante que la Bulgarie dont le souverain est allemand et dont la politique est orientée vers l'Angleterre. En supposant qu'elle veuille et qu'elle puisse subir l'attraction du génie français, il faudra vingt ans pour que cette empreinte soit aussi profonde qu'en Serbie. Or, avant d'entreprendre de problématiques conquêtes morales et économiques, il me semble plus utile de conserver celles qui nous ont coûté tant de peine.

Le mêmes hommes, graves et frivoles, qui nous ont fait perdre l'Egypte, nous ont poussé au Tonkin. Après avoir avoir sottement sacrifié la Turquie, où l'influence française était prépondérante, ils ont tout fait pour nous aliéner la Serbie, ainsi qu'ils ont jadis contribué à nous faire détester de l'Italie. Comme compensation, ils nous offraient l'amitié des Bulgares. Pour moi, qui ne suis pas un philoxène, je ne suis guidé, dans mes sympathies, que par l'intérêt de la France auquel je rapporte tout.

Je regrette donc infiniment d'avoir été obligé de quitter ce pays, sans avoir pu accompagner ses soldats sur le champ de bataille. Lorsque je suis arrivé, les ministres de la guerre et des affaires étrangères étaient avec le roi au quartier-général et né sont pas revenus. Le directeur des affaires politiques

4

m'a dit avoir télégraphié au ministre. Il regrettait la mesure d'ostracisme dont ont été frappés tous les correspondants étrangers, anglais, français ou autrichiens. Mais il n'obtint pas de réponse. On aurait pu me dire oui ou non tout de suite. Mais la franchise et l'activité ne sont pas les qualités qui distinguent l'administration serbe. Après avoir perdu plusieurs jours, j'étais décidé à aller de l'autre côté, lorsque je conçus une dernière espérance. Un Français fort serviable et modeste, ancien chambellan de l'Impératrice, le marquis de Piennes, qui représente le comptoir d'escompte, et dont l'influence est d'autant plus grande qu'elle est moins apparente, a bien voulu faire une démarche auprès de la reine Nathalie. Elle a répondu :

— Il sera mal accueilli, soupçonné, et souffrira beaucoup. Pourquoi ne reste-t-il pas ici ? Il pourrait faire d'intéressantes correspondances. On lui donnerait tous les renseignements qu'il désirerait et on lui ferait tout voir.

Évidemment, je me heurtais à un parti pris. Un ordre général ayant été donné, dans un moment de colère, personne n'osait intervenir. La plupart des correspondants expulsés *manu militari* sont allés à Sofia et ils chantaient les louanges du prince Alexandre, dont on a fait un héros au cœur de lion. Je ne dis pas que ces éloges soient immérités. Mais par quelle étrange aberration, les médiocrités qui gouvernaient la Serbie n'ont-elles pas compris le tort qu'elles faisaient à leur pays et à leur souverain? Transmettre des dépêches banales, des bulletins officiels, est un travail d'agence ; un correspondant spécial ne peut parler que de ce qu'il a vu et donner son impression personnelle. Sans doute, les ministres serbes craignaient le contrôle de la presse européenne, ils redoutaient l'effet produit sur la population, car la plupart des journaux étrangers avaient été saisis à la poste. J'ai aperçu quelques numéros de feuilles parisiennes dans les cafés, mais ils étaient fort anciens.

J'ai quitté Belgrade le 30 novembre, à 6 heures du matin, par le bateau à vapeur autrichien venant de Buda-Pesth. Malgré l'obscurité, je distinguais le profil du promontoire élevé, sur lequel est bâtie la ville et dont nous faisions le tour. La rive serbe est haute et boisée. Quand le jour parut je remarquai des vergers, des moulins établis sur des pontons, puis une forteresse au bord de l'eau, avec une série de 22 tours carrées et crénelées s'avançant sur un cap. C'était Smédérevo, l'ancienne capitale, qui était plus serbe que Belgrade. Il était environ 8 heures et demie. Cette citadelle a été bâtie, en 1432, par Brancovitch. La cité serbe, que les autres peuples appellent Semendria, ne compte que 6,778 habitants. Elle n'a rien de remarquable. Une vieille église, que j'apercevais dans le lointain, est bâtie sur une colline au sud-ouest. Elle est dédiée à la Vierge, a été fondée en 1010. Nous passâmes, sans nous arrêter, devant cette pittoresque cité, et peu de temps après, nous aperçûmes l'embouchure de la Morava, dont la vallée est la plus belle et la plus fertile de toute la Serbie.

A Kubin, petit poste autrichien, nous fîmes un court arrêt. Le Danube se divise en deux bras, nous avons suivi la rive autrichienne. Des soldats hongrois s'étaient embarqués sur notre bateau. Je remarquai qu'ils portaient un sabre et une baïonnette dans un seul fourreau à deux compartiment superposés. Leur casquette bleu de ciel était garnie d'une espèce de col boutonné sur le devant et pouvant se rabattre sur les oreilles. Ils avaient des sacoches de cuir jaune, des pantalons rouges enfoncés dans les bottines, et de petites carabines. C'étaient des gardes frontières. Nous passâmes entre des îles boisées fort nombreuses. La navigation me parut assez difficile en cet endroit. Vers onze heures, nous nous arrêtâmes, à Basiach, pour faire du charbon. Une vingtaine d'ouvriers croates nous l'apportaient dans des brouettes. Ces hommes avaient un costume assez pittoresque. Leur gilet ouvert laissait voir une

chemise, tombant comme une tunique et
serrée à la taille, par une ceinture de cuir,
sur un pantalon bouffant, court, en toile
blanche. Une demi-botte en cuir ne protégeant que le mollet, était rattachée à la
semelle par des courroies s'enroulant en
losange. Je trouvai étrange la prédilection de
ecs hommes pour la couleur blanche, qui est
difficile à conserver quand on charrie le charbon. Des vêtements en toile bleue me paraissent préférables à ces chemises noircies.
Sur la rive du fleuve on ne voit que des magasins. La ville, que j'avais visitée en 1872,
en revenant de Roumanie, est cachée, dans
un ravin, derrière la colline.

La côte est dénudée. Sur la route qui
passe au pied des hauteurs, je vis de longs convois de buffles, traînant des chargements de
bois. On me raconta qu'en été, il est imprudent de conduire des buffles au bord de l'eau.
Ils ne peuvent résister au désir de se baigner
et il est impossible de les retenir, car ils se
précipitent avec leurs chariots. Sur ma

droite, je remarquai, près d'un village serbe, des moulins sur pontons. A bord du Lloyd, on mange à table d'hôte, lorsqu'il y a suffisamment de passagers, mais comme j'étais seul, en première, on me servit à la carte. A ce propos, je constatai que l'Europe, qui a emprunté à l'Allemagne ses fusils à aiguille, devrait bien adopter ses incomparables biftecks qui constituent tout un repas. Dans tous le bassin du Danube, on a compris cette merveilleuse institution. Figurez-vous que sur ce morceau de filet grillé, s'étale un œuf fort semblable à un œil de bœuf. Tout autour règne une garniture de raifort râpé, betteraves, pommes de terre, cornichons, etc. C'est une véritable symphonie culinaire.

A midi un quart, nous arrivions au chaland de Moldova, où se tenaient deux militaires, semblables à des chasseurs tyroliens, avec leurs chapeaux à plumes de coq. Ces hommes appartenaient au corps des *militar gränzen,* cette milice agricole des confins mi-

litaires dont Moldova est peuplée. Le village
est plat et rappelle ceux d'Albanie, par l'isole-
ment des maisons et la quantité d'arbres qui les
entourent. Ceux-ci sont enveloppés de paille
et de feuilles mortes, pour les préserver du
froid. Cette contrée est une des plus fertiles
de l'empire d'Autriche. Un route militaire
part de ce point en longeant la rive gauche du
fleuve jusqu'à Orsova. A peu de distance, on
remarque, sur la droite, la forteresse extraordinaire de Golumbatcz. Elle a été construite
par ordre de l'Impératrice Marie-Thérèse.
sur un îlot de rochers de forme pyramidale.
Une série de tours et de donjons vont de la
base au sommet. Les Romains avaient déjà
fortifié cette position, qui commande l'entrée
des gorges qui aboutissent aux portes de fer.
Sur ce rocher, un brigand légendaire nommé
Bopntchaou, qui vivait au XVIIIe siècle, résista
pendant toute sa vie aux attaques dirigées
contre lui. Presque en face se trouve, sur la
rive gauche, la célèbre caverne des Mouche-
rons que l'on a inutilement murée pour dé-

truire les terribles moustiques, répandus dans
cette contrée, qui déciment les troupeaux
des bords du Danube et se réfugient dans
cette grotte seulement quand il fait mauvais
temps.

Le fleuve se resserre et forme une série
de cuvettes, entourées de montagnes noires
à pic, se reflétant, dans les eaux sombres,
comme des miroirs de bronze doré. On ne
sait pas par où on sortira. L'horizon est
très borné. On rencontra un vapeur remor-
quant trois bateaux. La rive serbe est plus
verdoyante. On dirait une immense forêt. La
rive autrichienne est plus jaunâtre. A droite,
l'horizon s'élargit un peu. C'est une série
infinie de vallées formant des A et des V
dans le ciel gris. De temps à autres, des
taches vertes au milieu des forêts noires. L'air
est vif sur le pont. Après un court arrêt à
Drenkova, où je remarque un officier et un
soldat orné d'un chapeau à plumes, on vire
de bord et on ralentit la marche pour passer
les *Portes de fer*, le *Demir Kapou* des Turcs.

qui ont donné le même nom à une gorge
semblable, au milieu de laquelle coule le
Vardar, entre Kuprulu et Salonique.

Ce site célèbre est comparable aux bouches
de Cattaro et au lac des Quatre-Cantons. Impossible d'imaginer rien de plus sauvage et
de plus émouvant. Des milliers de tourbillons avec des flocons d'écume blanche. Une
bouée rouge signale un écueil, également indiqué par une boule rouge et une blanche sur
la rive gauche. Le fleuve s'élargit un peu et on
voit sur le littoral autrichien un petit village
entouré de jardins. Au milieu du Danube, un
petit bateau plat, semblable à une pirogue,
est conduit par deux hommes, ayant chacun
une seule rame et placés à chaque extrémité.
Un peu plus loin, sur la droite, le village
serbe de Milanovatz, avec une église à clocher
en poivrière, apparaît, dans une presqu'île,
au bout d'une vallée. A trois heures, en face
d'une île boisée, un moulin à toit rouge se
montre sur la rive serbe, entouré de cascades
d'eau écumante sortant du pied de la montagne.

La belle montagne que les Serbes ont appelé Kraïna, c'est-à-dire fontaine, semble barrer le cours du fleuve. Puis, on entre dans le défilé de Cazan (chaudron, en turc).

Le rocher gris à pic se rétrécit. A gauche, sur un rocher, une vaste inscription en caractères latins, rappelle que la route militaire a été construite par le comte Séchényi. C'est une imitation de la pierre de Trajan. Du côté serbe, on voit une cabane de bûcherons, des piles de bois et des troncs d'arbre que l'on fait glisser dans les ravins, depuis le haut de la montagne. De nouveau, la muraille de rochers se resserre, puis subitement, comme à l'angle d'une rue, apparaît le village de Dubova, avec un clocher blanc, au milieu d'un hémicycle de collines. Soudain, on se croirait dans un corridor. C'est le point le plus étroit. Le Danube n'a que 113 mètres de large et une profondeur de 60 mètres. Les rochers, hauts de 600 mètres, répercutent le bruit des roues. Le navire semble occuper toute la largeur du fleuve. De la passerelle, on aper-

çoit à peine l'eau. On jurerait qu'on va se briser
contre un mur et on éprouve une réelle in-
quiétude. Mais une nouvelle éclaircie ne tarde
pas à se produire. A gauche, on découvre le
le village d'Ogradina. En face, sur la rive
droite, se trouve la célèbre inscription romaine connue sous le nom de *Table de
Trajan*. Puis le rideau de rochers qui masque
l'horizon se déchire et, vers quatre heures, on
arrive à Orsova.

Ici, nous changeons de navire et nous
nous embarquons sur l'*Orient*, qui est beaucoup plus vaste que les bateaux utilisés pour
franchir les Portes de fer. Parmi les passagers nouveaux, se trouvait le capitaine italien
Colocchi. Le vapeur remorqua un chaland,
portant une dizaine de voitures d'ambulance,
sur lesquelles, à côté de la croix rouge ordinaire, on remarquait une petite croix noire,
avec un point rouge au milieu et cette inscription : *Deutscher Ritter Orden*.

Ce bateau était encombré par vingt-cinq
-sœurs allemandes et un certain nombre de

médecins appartenant à la même nationalité, et conduits par un baron assez étrange.
Ce chambellan de l'empereur Guillaume
portait au cou une croix de commandeur de
Malte et, sur la poitrine, une plaque en acier
avec une croix noire au milieu. Cet insigne se
retrouvait également sur son large chapeau
d'Auvergnat. Des jambières jaunes ornaient
les tibias de ce personnage qui faisait songer
aux gallinacés, dont Flourens colorait les
jambes, au moyen de la garance. Ces
philanthropes, avides de réclame pour leur
pays, m'ont causé involontairement le seul
ennui de mon voyage, car ils mangeaient
tout et ils accaparaient les moyens de transport.

Orsova est une petite ville du Banat qui
est peuplée par un millier de Roumains. Elle
n'a rien de remarquable. J'avais déjà eu
l'occasion de la visiter, en 1872, et je l'ai men-
tionnée dans mon livre *Six mois en Roumanie*. Je ne m'y suis pas arrêté. Il faisait nuit
quand nous nous trouvions devant l'île de

Neu-Orsova, qui contient l'ancienne citadelle turque d'Ada-Kalessi que j'ai décrite dans le livre cité plus haut. Nous passâmes sans les remarquer au milieu des Portes de fer inférieures, puis nous arrivâmes, à huit heures, à Turn-Severin. Le bateau ne repartant que le lendemain, nous descendîmes, pour dîner en ville. Cette petite cité roumaine occupe un espace hors de proportion avec le nombre des habitants. Les rues sont larges, les places spacieuses et l'entretien en est difficile. Il y a, par conséquent, beaucoup de boue. On nous indiqua un café-concert où d'horribles chanteuses, vieilles et d'un embonpoint démesuré, chantaient en allemand, en roumain et dans un français levantin fort étrange. J'y vis un employé du télégraphe qui me remit un sou, en me disant qu'il me le devait, parce qu'il n'avait pas de petite monnaie quand, une heure auparavant, je lui faisais transmettre une dépêche. Dans la rue, nous rencontrâmes deux ouvriers italiens venant de Sofia. Ils nous montrèrent une pan-

carte contenant les mots : *domicile italien*,
que leur consul leur avait donnée, ainsi
qu'aux autres compatriotes, pour clouer
sur leur porte, en prévision de l'entrée des
Serbes, afin de protéger les habitations
des étrangers. Nous allâmes dans un hôtel
où, suivant l'usage du pays, on nous offrit
non seulement deux chambres mais deux
bonnes qui ne nous semblèrent pas assez
jolies et nous retournâmes dormir à bord
de *l'Orient*.

C'est à Turn-Severin que se trouvent les
ruines du fameux pont de Trajan, si souvent décrit.

Le lendemain matin, à cinq heures, nous
étions en route. A sept heures, il faisait un
soleil splendide, L'air était vif, le ciel sans
nuages. La campagne serbe est bien cultivée.
Les collines doucement arrondies. Plus de
maquis ni de rochers. Le pays est fertile. A
neuf heures et demie, nous nous arrêtons devant Radoujevatz, le dernier village serbe.
Enfoui dans la végétation, sur une belle col-

line, il m'a paru superbe. Immédiatement
après, nous passions devant l'embouchure du
Timok qui marque la frontière entre la Serbie et la Bulgarie.

V

VIDDIN. — LOM-PALANKA. — LES BALKANS. SOPHIA.

Le 1ᵉʳ décembre, à 11 heures, nous nous sommes arrêtés devant la petite ville roumaine de Kalafat. Sur la hauteur, j'aperçus une église et une caserne. Cette position, plus élevée que Viddin, rendrait facile le bombardement de celle-ci. Sur le quai planté d'arbres, je vis des femmes turques, en *férédjé* noir et en yachmak blanc. C'étaient des émigrées de Viddin. A la côte, je retrouvai plusieurs de ces balancelles turques, à poupe et à proues relevées en croissant, et ressemblant à d'immenses tranches de melon flottant sur l'eau. Un officier bulgare blessé s'embarqua, avec son ordonnance, et il fut tout aussitôt l'objet de la curiosité trop empressée de tous les passagers allemands. On lui faisait raconter les épisodes du siège de Viddin, où il n'y avait pas plus de 1,500 soldats bulgares. Il paraît que l'honneur de la défense revient aux musulmans de Rouschouck. Quand le bateau eut repris sa marche, nous fûmes arrêtés, par une canonnière bulgare, qui nous avertit qu'en vertu de la suspension d'armes, nous pouvions nous arrêter à Viddin, où nous arrivâmes quelques minutes après.

J'ai rarement vu un spectacle plus pittoresque que celui qui s'offrit, ce jour-là, aux passagers de l'*Orient*. On eût dit que tout avait été réglé par un habile metteur en scène. Sur le quai, la foule qui se pressait avait des costumes très variés, de couleur vive, et qu'éclairait un soleil magnifique. Les Turcs, nombreux à Viddin, se distinguent par

leur turban qui remplace le bonnet des Bulgares. Les volontaires, qui font le service de
la garde nationale et forment la haie tout le
long de la rue qui mène au débarcadère, sont
bien les plus étranges miliciens qu'on puisse
imaginer. Ils ont des vestes en peau de mouton blanche, de longues dalmatiques blanches et, pour coiffure, le bonnet de peau
d'agneau noire que portent les paysans et qui
ressemble à un énorme champignon. Au
milieu, deux officiers à cheval ont l'air de
soldats russes, avec leurs casquettes vertes et
leurs capotes grises.

Viddin compte 13,714 habitants. Quoique
la ville soit plate, la berge est assez élevée
pour que ces figurants puissent s'échelonner ;
tout cela était fort théâtral. Du reste, Viddin est, comme la plupart des cités turques,
un admirable décor. A droite, la citadelle,
qui baigne ses pieds dans l'eau du Danube
fauve, ne semble pas avoir souffert du bombardement. Neuf minarets, sur onze, sont
encore debout et s'élancent vers le ciel, comme

des mâts de navires. Je m'attendais à trouver Viddin en flammes. Il n'y avait pas trace d'incendie. Le quartier qui a le plus souffert est précisément celui qui est le plus éloigné du Danube.

Je voyais distinctement les batteries serbes. Elles étaient dans la plaine, car il n'existe aucune colline dominant la ville ; elles ne possédaient aucune pièce de siège. Je ne vis que des canons de bronze de l'ancien modèle français. Du reste, l'artillerie de la place n'était pas formidable non plus. Mais le Danube, assez haut en ce moment, remplissait les fossés, et on avait ajouté aux fortifications ordinaires deux lignes de défenses. Tous les agents consulaires hissaient leurs pavillons.

A midi et demi, nous sommes passés devant le village de Vitbol, occupé par les Serbes qui avaient placé de petits détachements de cavalerie et d'infanterie sur les hauteurs s'étendant jusqu'à Acer-Palanka. J'ai remarqué un peloton de cavaliers, rangés sur le rivage, qui semblaient être placés là uniquement pour qu'on pût les voir depuis le bateau. Vers deux heures, nous étions à Lom-Palanka. Je constatai la même mise en scène qu'à Viddin, avec des volontaires armés. J'ai su depuis qu'on attendait la sœur du prince. Elle devait venir, avec une ambulance, et c'est sans doute la raison de ce déploiement de forces. Je dois rendre cette justice à l'administration bulgare qu'elle n'est pas aussi tracassière que celle de bien d'autres pays. Il n'existe aucune formalité de douane ni de passeport.

J'avais fait connaissance, sur le bateau, avec un certain nombre d'étudiants, qui venaient de quitter Paris pour s'engager comme volontaires. Ils m'avaient offert de s'occuper immédiatement des moyens de transport afin d'aller à Sofia, mais ils ne tardèrent pas à m'apprendre qu'on ne trouverait rien, car toutes les voitures avaient été retenues pour le personnel de l'ambulance allemande. En face de l'embarcadère, on aperçoit deux petites collines, couronnées par des maisons entourées de galeries de bois. A droite, c'est l'*Hôtel Bellevue*, à gauche l'*Hôtel Balkan*. Je me rendis dans le premier accompagné d'un jeune capitaine italien, fort instruit, très aimable et extrêmement intelligent, le marquis Colocci, avec lequel j'ai eu le plaisir d'aller jusqu'à Sofia. Je vis également, à cet hôtel, un docteur roumain qui avait amené, avec lui, sa charmante femme. Il exprimait l'étrange regret de la trouver trop jeune et trop belle. Un fait, qui m'a vivement frappé, c'est que la terrasse de l'hôtel ayant été peu à peu envahie par les volontaires bulgares, qui voulaient jouir de la vue superbe que l'on a sur le Danube, la fille de service leur fit une observation et ils s'enfuirent précipitamment, ainsi qu'un troupeau de moutons.

Comment expliquer que ces hommes, timides et craintifs, regardant constamment le sol qu'ils sont habitués à fouiller, aient pu montrer, au sommet des montagnes, un courage qui a étonné l'Europe? J'essaierai de

l'expliquer plus tard. Mais, dès à présent, je
puis dire que les Bulgares, habitués à coucher sur la terre, à se nourrir de pain et
d'eau, durs à la fatigue, ont les mêmes qualités passives, la résignation et la sobriété,
qui caractérisent les Turcs, avec lesquels ils
ont si longtemps vécu et dont le nombre est
encore si considérable parmi eux. Il leur
manquait l'esprit militaire. Le développe-
ment de l'idée de patrie, depuis huit ans, a
pu en tenir lieu. On attribue généralement
aux officiers russes le mérite de cette méta-
morphose. Je pense que si la Russie s'était
contentée d'envoyer des instructeurs, elle
n'aurait pas atteint ce résultat. C'est l'occupation du pays par une armée russe, qui a
donné aux paysans une leçon de choses, en
montrant, à leurs yeux, le résultat auquel il
fallait atteindre, et on l'a mieux compris
qu'un enseignement théorique.

Je commençais à me désoler d'être obligé
de rester plusieurs jours à Lom-Palanka, lorsque l'obligeance d'un pharmacien italien, an-

cien garibaldien de 1848 et de 1860, qui est en même temps agent consulaire, nous fit conclure un marché avec un nommé Vasili qui, pour quatre napoléons, comme on dit là-bas, s'engageait à nous conduire à Sofia, non pas dans une de ces voitures à quatre chevaux nommées phaétons, mais dans une charrette à deux chevaux, l'antique *araba* de l'émigré turc.

Comme nous ne devions partir qu'à deux heures du matin, nous profitâmes de la fin du jour pour visiter la ville. Je vis, dans la rue principale, une compagnie de réguliers que le préfet passait en revue. Ce préfet, civil et militaire, a une barbe rousse et des lunettes bleues. Il parle bien français. Il a servi dans l'armée russe et il dit que ses compatriotes sont des enfants héroïques et inconscients du danger, mais qu'ils n'ont pas d'officiers. Cet homme maladif, et d'une activité fébrile, s'est installé dans le local de la poste et du télégraphe.

La compagnie qu'il inspectait avait la te-

nue de l'infanterie russe, avec les grandes
bottes, la capote enroulée en sautoir. Presque tous portaient une peau de mouton attachée à leur sac de toile. Ils étaient assez grands et vigoureux, et il était difficile de reconnaître, sous cet uniforme moscovite qui les transfigurait, la race de paysans timorés dont j'avais eu un spécimen quelques instants auparavant. La ville de Lom-Palanka n'a rien de remarquable ; ses deux petites mosquées et son église bulgare sont extrêmement modestes ; le monument le plus important est une école toute neuve, transformée en ambulance ; il paraît qu'il existait autrefois certains objets curieux et antiques, mais les Roumains les emportèrent après qu'ils se furent emparés du pays, en 1878.

Un écrivain anglais prétendait que, pour brouiller deux amis, il suffisait de les faire voyager ensemble. En effet, il est rare qu'on ne fasse pas éprouver à son compagnon de voyage, les effets de la mauvaise humeur résultant de contrariétés inévitables. Pourtant, nous avons donné, le capitaine Colocci et moi, un démenti au publiciste britannique. Il est peu de supplice comparable à celui d'aller de Lom-Palanka à Sophia, sur une charrette qui vous transporte, couché dans le foin, comme du bétail qu'on mène à l'abattoir, mais nous n'avons pas un seul instant manifesté la moindre irritation.

Nous sommes partis le 2 décembre, à trois heures du matin. Notre *araba* était attelé de deux mauvais chevaux qui, au milieu des ténèbres, s'effrayaient au bruit le plus naturel, tel que celui d'une chute d'eau. A dix heures, nous nous sommes arrêtés dans un *han* de Czerovina. Les *hans* bulgares sont des sortes de hangars où l'on ne trouve rien à manger. Nous avons pu, toutefois, y prendre du café. Autrefois on allumait du feu dans un trou creusé en terre; aujourd'hui, il y a de petits poêles en tôle. Le progrès est considérable.

A trois heures, nous arrivions à Kutlovitza. Je remarquai plusieurs maisons neuves, cou-

vertes en tuiles rouges. Nous trouvâmes dans
une auberge quelque chose à manger, ce qui
est extraordinaire. Il pleuvait, il nous était
impossible de nous protéger contre la pluie.
Les chevaux glissaient et ne pouvaient marcher qu'au pas. Le froid nous glaçait les
pieds et bien loin de pouvoir faire le moindre
mouvement, pour nous réchauffer, nous devions conserver l'immobilité la plus complète, réduits à l'état de colis jetés sur une
charrette.

Vers six heures, nous fûmes obligés de
nous arrêter dans un *han*, où il n'y avait que
du café ou du thé, mais où nous trouvâmes
une chambre meublée de trois lits, faits avec
des paillasses placées sur de petites estrades
en bois provenant d'un ancien divan turc, scié
en trois. Pour nous chauffer, on nous apporta
un *mangal*, sorte de petit brasero que l'on
place au milieu de la chambre humide, dont
le plancher est en terre battue. Nous préferâmes rester dans la salle commune, chauffée
au moyen d'un poêle et dont trois côtés

étaient garnis d'une estrade en bois, sur laquelle un grand nombre de Turcs se tenaient accroupis. Les musulmans sont très nombreux dans cette partie de la Bulgarie, où tout le monde parle encore le turc, notamment les *handji* ou aubergistes, et les *arabadji* ou cochers. J'ai remarqué de nombreux portraits du tzar Alexandre II et de l'empereur Guillaume, exécutés dans une imagerie grossière rappelant celle d'Épinal.

La route faisant un coude très prononcé, pour passer à Berkovitza, nous avons laissé cette ville de côté, le lendemain matin, et nous sommes allés directement de Boiloutza à Clissoura, au pied des Balkans, où nous nous arretâmes à neuf heures et demie pour déjeuner. Le soleil s'était levé et donnait un aspect agréable à ce village planté au milieu des arbres, entouré de ruisseaux et de cascades.

Sur la route sinueuse qui mène, par une infinité de lacets, jusqu'au sommet de la montagne que l'on met quatre heures à gravir,

j'ai rencontré plusieurs milliers de volontaires se rendant du côté de Widdin, par petits groupes de quatre ou cinq. Cette manière
désordonnée de marcher aurait de grands inconvénients dans un autre pays. Là c'est le
contraire. On évite l'encombrement en se
contentant d'indiquer à chaque homme le but
qu'il doit atteindre. Il n'y a ni traînards, ni
déserteurs, ni pillards, ce qui est bien extraordinaire. Cela tient à l'habitude d'obéissance séculaire contractée par les Bulgares,
et qui fait l'étonnement de tout le monde.

Le costume est très fantaisiste. Quelques-
uns ont des casquettes russes, le plus grand
nombre porte le bonnet d'astrakan ; mais
tandis que les uns l'ornent d'une double croix
en cuivre, les autres y placent un lion, les
vétérans de la légion de 1877 ont une petite
inscription sur une banderolle de cuivre, enfin
beaucoup d'autres, les musulmans principalement, portent le bonnet sans ornements.
Tous ont adopté la cartouchière turque faite
avec une courroie garnie de cartouches sur

toute sa longueur et qu'on peut placer en sautoir ou à la ceinture, de façon à répartir le poids sur tout le corps. J'ai remarqué quelques vestes en peau de mouton. Presque tous ont la capote couleur de terre, adoptée par les Russes et les Turcs. L'armement est assez hétérogène. Le fusil Berdan domine, les Rouméliotes sont armés de Martiny-Henri ayant appartenu aux Turcs, quelques-uns ont des fusils à tabatière, système Peabody.

La route, qui serpente jusqu'au sommet des Balkans, est extrêmement pittoresque, mais elle est tellement escarpée qu'il est nécessaire de marcher pendant quatre heures. Le versant nord est entièrement boisé ; je constate toutefois, avec regret, que l'on commence à abattre, sur le bord de la route, quelques-uns des grands hêtres superbes qui font le plus bel ornement du paysage. Un peu avant d'arriver au sommet, on remarque sur la gauche une maison forestière que l'on me dit être la propriété du *kniaz* Alexandre.

Je vis, en cet endroit, un pahéton traîné

par deux paires de buffles et contenant une
dame vêtue de noir, la tête enveloppée de
blanc, comme les femmes turques. En m'ap-
prochant, je reconnus une des sœurs qui
avaient débarqué en même temps que moi.
Les quatre chevaux, attelés à cette voiture,
n'ayant pu la traîner, on les avait remplacés,
ce qui arrive fréquemment, par des buffles.
A quelques pas, je vis un prêtre allemand à
lunettes, habillé en civil et portant sur sa redingote le brassard de la croix rouge.

Cet énergumène, fatigué de maltraiter les
chevaux et les buffles, s'était mis à frapper, à
coups redoublés, sur le malheureux *arabadji*
qui ne se révoltait pas. Heureusement mon
compagnon de voyage mit fin à cette scène
scandaleuse. Le prêtre, croyant atténuer sa
faute, l'aggrava encore, à nos yeux, en disant
que tous les peuples sont frères et fils du
même Dieu. Il avait une singulière façon de
le prouver.

Quand nous fûmes au point culminant de
la passe de Ginci, qui est à 1473 mètres

d'élévation, nous nous arrêtâmes près d'une maison abandonnée et qui porte l'enseigne d'*Hôtel du général Skobeleff*. Nous vîmes passer un escadron de cavaliers vêtus de peau de mouton et marchant dans un ordre parfait. Chaque homme avait mis pied à terre et tenait la bride de son cheval. Ces troupes allaient débloquer Viddin. Le prêtre passa encore une fois avec son attelage. Il brandissait un bâton et tapait à tort et à travers. Il avait l'air d'un fou. Un officier lui ayant adressé la parole, il s'écria en agitant son bâton, comme un sabre : *Militari, avanti !* Cet homme évidemment avait manqué sa vocation.

La passe est dominée, de chaque côté, par des *tabias* turques abandonnées, mais admirablement situées. Celle de droite est à 1538 mètres au-dessus du niveau de la mer. A partir de ce point, on descend presque constamment. Il y a pourtant encore quelques montées assez rudes pour que l'équipage du curé n'ait pu en sortir, ce jour-là, tandis que nous avons réussi à aller beaucoup plus loin, quoique n'ayant que deux chevaux. Il est vrai que nous n'avons nullement tourmenté notre *arabadji*. Nous parlions littérature et philosophie, nous en rapportant à l'expérience du cocher qui savait faire reposer et manger ses chevaux, en temps utile, tandis que l'impatient et impitoyable missionnaire de paix exténuait tout le monde, bêtes et gens. Nous rencontrâmes plusieurs batteries d'artillerie qui allaient, comme les autres troupes, du côté de Viddin.

A dix heures, nous trouvâmes un asile dans un *han* rempli de soldats. On nous servit un plat de mouton au riz, extrêmement pimenté, qui nous arrachait la peau des lèvres. Puis nous allâmes dormir dans une chambre à trois lits, dont un était occupé par un officier bulgare. Les soldats se couchèrent sur la terre, autour du poêle. Le lendemain, avant le jour, nous nous mîmes en route par un froid très vif. Il avait gelé pendant la nuit; mais quand le soleil fut levé, il nous gratifia d'une journée telle qu'on n'en a jamais vu, à pareille époque, dans ce pays.

Nous nous arrêtâmes, à l'entrée de la plaine de Sofia, dans un *han* où on nous fit boire un vin qui ressemblait à de l'eau de savon. La plaine, entièrement gelée, avait l'aspect d'un lac que le soleil transformait en un miroir éblouissant. Au fond, la cime du Vitoch se dressait comme le Vésuve au bord du golfe de Naples.

Nous entrâmes à deux heures et demie dans Sofia. Il faut plus de temps, pour venir de Lom-Palanka que pour traverser l'Europe entière.

En arrivant à Sofia, je trouvai difficilement à me loger et je m'occupai immédiatement d'obtenir l'autorisation indispensable pour me rendre à Pirot. Dans ce but, je m'adressai au ministre de France, M. Flesch, qui me donna une lettre pour M. Tsanow, ministre des affaires étrangères. M. Flesch a fait toute sa carrière en Orient, sauf un court séjour en Chine. Il connaît très bien les peuples de la presqu'île des Balkans, il les juge

avec impartialité et, ce qui est plus rare, il
discerne parfaitement le véritable intérêt de
la France. Ce fonctionnaire, intelligent et
bienveillant, fait honneur à notre pays et
lui attire de nombreuses sympathies. Je dois
ajouter que madame Flesch visitait les ambulances et réalisait des prodiges, avec les
faibles ressources dont elle disposait. Il existait une grande émulation entre les colo-
nies et les représentants des puissances,
mais la philantrophie des Anglais ou des
Allemands, ressemblant beaucoup à de la
réclame, n'avait pas la modestie et le dé-
sintéressement absolu de la charité française.

L'autorisation d'aller au quartier général
m'a été remise par le ministre de la guerre,
qui n'était que capitaine au moment de la
déclaration de guerre et qui venait d'être
nommé major. M. Nikiforof m'a reçu avec
beaucoup de simplicité. Cet officier est un
grand jeune homme, maladif. Son teint mat,
sa barbe noire et courte, ses grands yeux

noirs, brillants et mélancoliques, donnaient
un certain charme à sa physionomie intelli-
gente. Il était complètement inconnu du
prince lorsqu'il a été choisi pour diriger le
ministère et recueillir la lourde succession du
prince Cantacuzène. C'est celui-ci qui l'a re-
commandé comme étant le plus capable. Le
ministre m'a dit qu'il s'attendait à une grande
guerre pour le printemps.

J'ai retrouvé, à Sofia, mon ami de Lamothe.
Il s'est disculpé de l'accusation d'avoir pro-
voqué l'expulsion des correspondants de Serbie. Les Serbes lui ont dit qu'ils redoutaient
la présence de publicistes russes. La mesure
générale, prise par eux, était le seul moyen
d'arriver à les exclure. Mon confrère a été
plus heureux que moi, parce qu'il a quitté
Paris trois semaines plus tôt. Toutefois il se
trouvait à Philippopoli et se disposait à partir pour Constantinople, lorsque la nouvelle de la déclaration de guerre est
arrivée. Quelques heures plus tard, il lui
était impossible de revenir en temps utile.

La grande difficulté, pour les journaux parisiens, qui veulent envoyer des représentants à une si grande distance, c'est de risquer, en les faisant partir trop tôt, de s'occasionner inutilement des frais considérables, ou d'arriver trop tard, en attendant que l'action soit engagée. C'est une question de chance, dans laquelle la perspicacité n'entre pour rien.

Les agences d'informations emploient volontiers une formule qui m'a fait rire bien souvent. Quand elles ne peuvent pas indiquer la provenance d'une nouvelle, elles disent qu'elles l'ont prise dans les cercles diplomatiques de telle localité, où il n'a jamais rien existé de semblable. Mais ici cette expression n'est pas ridicule. Il y a réellement à Sofia un *Union Club*, fréquenté par les diplomates célibataires et les correspondants de journaux étrangers. C'est le seul endroit où l'on puisse manger convenablement. La langue française y est officiellement adoptée.

Parmi les diplomates, dont j'ai eu occasion

de faire connaissance, je citerai le comte de Sonnaz, consul général d'Italie, M. Rhangabé, le consul général de Grêce et son subordonné M. Soutzo, M. Lascelle, représentant de l'Angleterre, Cartuyvels, consul de Belgique, de Saldern, consul d'Allemagne, Biegeleben consul d'Autriche. Mais j'ai surtout remarqué Nihad pacha. Il est d'origine polonaise, habite le pays depuis fort longtemps et il a connu la plupart des hommes d'Etat bulgares lorsqu'ils étaient fonctionnaires turcs. Nul mieux que lui n'était capable d'opérer la réconciliation entre les Turcs et les Bulgares, son rappel à Constantinople est donc inexplicable. Les fonctions de Nihad-pacha consistaient à administrer les *vakoufs*, c'est-à-dire les biens de la communauté musulmane en Bulgarie. C'est le seul moyen, pour la Turquie, d'entretenir un représentant à Sofia. Etant puissance suzeraine, elle ne peut avoir d'agent diplomatique accrédité sur son propre territoire. Il lui est également difficile d'avoir, auprès du prince, un représentant du Sultan.

Quoi qu'il en soit, Nihad pacha, qui est fort
intelligent et même spirituel, était fort
utile. Il pensait que tous les petits peuples de
la presqu'île des Balkans devraient se réconcilier et s'entendre avec la Turquie, sans laquelle ils ne pourront jamais se défendre contre le péril qui viendra du Nord. Les nationalités nouvellement créées en Orient, sont les
branches d'un même arbre qui est la Turquie. Une fois le tronc abattu, les rameaux
ne tarderaient pas à se dessécher.

VI

SLIVNITZA. — PIROT. — LES CHAMPS DE BA-TAILLE. — LE QUARTIER GÉNÉRAL. — TEM-PÊTE DE NEIGE.

Le 9 décembre, au matin, à sept heures, je quittais Sofia dans une voiture découverte, attelée à quatre chevaux de front. J'étais en compagnie du peintre Piotrowski, dessinateur de l'*Illustration*. Le premier objet que nous rencontrâmes fut un cheval mort, étendu en travers de la route. Les chevaux eurent peur et il fallut les faire passer au milieu des champs. A quelques kilomètres, sur la rive d'un petit affluent de l'Isker, on a élevé des retranchements. D'autres redoutes, construites dans le genre des *tabias* turques, commandent la route, à 18 kilomètres de Sofia, sur une série de mamelons qui dominent la vallée de la Belitza. A partir de ce point, où existait autrefois un corps de garde turc (*Karaula*), on a abattu les arbres qui ombrageaient la route.

Nous avons rencontré de longs convois de chariots, traînés par des bœufs ou des buffles et escortés par des miliciens. Les conducteurs, en grande partie musulmans, sont habillés comme les autres Bulgares sauf le turban. Les rôles ont été intervertis depuis 1877. A cette époque, les Bulgares conduisaient et les Turcs escortaient. Les uns et les autres ont quelque analogie avec les buffles qui occupent là-bas une place aussi importante que l'âne en Egypte. Ce pays serait peut-être inhabitable sans le buffle. La quantité de chariots, dont les indigènes ont besoin, est inouïe. On se croirait à l'époque des grandes invasions. Le Bulgare, à force de vivre avec le buffle, a contracté quelques-unes de ses habitudes. Il a réglé sa marche sur la sienne.

6.

Même lenteur, même sobriété, même dureté à la fatigue, même constance. Le Bulgare et son buffle peuvent faire pendant à l'Arabe et son coursier.

Un bataillon de volontaires, qui retournaient à Sofia, paraissaient attristés d'être arrivés trop tard. Je compatis d'autant plus à leur douleur que je la partageais. Nous étions à Slivnitza vers dix heures. L'unique *han* de ce village était converti en ambulance; le médecin bulgare qui la dirigeait nous accueillit avec beaucoup de courtoisie, nous offrit du thé et du pain noir; il ne possédait pas autre chose. Pendant que nous étions là, on amena un juif qui était tombé d'une charrette et avait l'épaule contusionnée. Le docteur lui retira, pour le panser, une peau d'agneau fraîchement écorchée, qu'il s'était appliquée sur le torse nu, conformément au préjugé très répandu dans tout l'Orient. Quand il fut parti, le docteur nous dit avec tristesse :

— Ces gens-là ne donneraient pas un centime au médecin qui les sauve; mais dans le premier moment de frayeur que leur cause la maladie, ils n'hésitent pas à sacrifier un mouton ou un âne, pour en prendre la peau.

Slivnitza est un petit village, à l'entrée de la plaine, à vingt-huit kilomètre de Sofia. A la simple inspection du terrain, on comprend pourquoi les Serbes, même à nombre égal, et à valeur égale, devaient être repoussés. Les collines qu'ils occupaient sont entièrement dominées par les hauteurs de Malo-Malovo, longue montagne grise et rocailleuse, dont les Bulgares se sont emparés, en écrasant l'aile gauche des Serbes et en menaçant leur unique ligne de retraite.

Tandis que ceux-ci voulaient faire un mouvement tournant par leur droite, qui était presque en plaine, les Bulgares, avec une reconnaissance plus parfaite du terrain, attaquèrent constamment par la chaîne la plus haute et la plus rapprochée des Balkans, où ils espéraient, du reste, trouver un refuge en cas d'échec. Les Serbes auraient dû suivre leur première idée, qui était de ne pas s'attarder à Viddin et de faire converger, vers les Balkans, le corps de Leschianine.

A ce sujet on peut se poser une question, qui a une certaine importance militaire. Pour attaquer ou défendre une passe, comme celles de Slivnitza et de Dragoman, qui n'ont pas de point culminant mais qui sont assez longues, quel est le côté le plus avantageux? Pour moi, je pense qu'il vaut mieux avoir la plaine derrière que devant soi, car on peut se concentrer plus facilement et se retirer plus promptement. Tandis qu'une fois disséminé, dans un long corridor, en ayant à combattre à la sortie et non à l'entrée, on risque de voir ses communications coupées, et on ne peut pas se déployer ni choisir ses positions.

Quand on a passé le défilé de Slivnitza, l'horizon s'élargit. On traverse un bout de plaine. Les champs sont labourés par les obus. Sur la gauche, une grande fosse carrée, remplie de chaux, sert pour la décomposition des cadavres. Je remarque un grand nombre de chevaux morts, de chaque côté de la route. La passe de Dragoman commence à 45 kilomètres de Sofia. Ce couloir, long de plusieurs kilomètres et flanqué de rochers à pics, est une réduction des Portes de fer. Le paysage est d'une sauvagerie assez pittoresque. A deux heures, nous étions à Tsaribrod, petit village derrière la montagne et dont la principale rue avait bien un pied de boue.

Les traces des combats de la veille étaient plus rares qu'on ne pourrait le supposer. Des ponts coupés par les Serbes en se retirant, des arbres abattus, des carcasses de chevaux, c'est à peu près tout ce qu'on voyait. Des redoutes en terre noire fraîchement remuée attestaient le passage des Bulgares, qui ont hérité des Turcs et des Russes l'art d'élever des retranchements, dont les Serbes ne paraissent pas se douter, car ils n'ont laissé, sous ce rapport, aucune trace de leur travail. Ils se sont fait poursuivre, la baïonnette dans les reins, sur une longueur de 3o kilomètres, en sacrifiant l'infanterie, pour sauver leur détestable artillerie, et en profitant de la nuit pour se retirer au lieu de l'utiliser pour se retrancher.

Il est vrai que leurs jeunes soldats n'avaient pas plus de six mois de service. Mais leurs officiers en sont restés, au point de vue de la science militaire, à 1870, tandis que les Bulgares ont profité des leçons de 1877-78. Témoins attentifs de ce grand drame, ils ont pris, aux deux belligérants, ce qu'ils avaient de meilleur.

A trois heures et demie, nous passions la frontière qui est indiquée, au milieu de la plaine, par deux petits poteaux avec des lambeaux d'étoffe. Une construction inachevée était destinée à servir de douane serbe. Sur plusieurs points, les travaux du chemin de fer sont très avancés. Autour des fermes, je remarque d'immenses paniers en osier où les paysans font sécher le maïs. Les hauteurs environnantes n'ont été nullement défendues par les Serbes qui semblent avoir été pris

par la panique. A cinq heures et demie,
nous traversions Pirot et nous trouvions un
asile, dans un hôtel démeublé, dont le propriétaire serbe avait été tué par des pillards
macédoniens, et nous fûmes obligés de coucher sur la terre, sans avoir pu trouver à
manger.

La ville de Pirot, *Cher-keui* en turc, est
agréablement située à l'extrémité de la plaine,
au point d'intersection des routes de Nich et
de Knajevatz. Plusieurs affluents de la Ni-
chava se réunissent, en formant des îlots
boisés et en alimentant un certain nombre de
moulins. Au milieu de la ville, en face de
l'hôtel où j'avais dormi sur le plancher, se
dresse une tour quadrangulaire assez étrange.
C'est une sorte de blokhaus, à huit étages de
pierres, séparés par des poutres de bois placées horizontalement. On y pénètre par une
porte basse, qui est la seule ouverture avec
deux ou trois meurtrières pratiquées au sommet. A l'intérieur, je ne vis qu'un échafau-
dage, où l'on pouvait grimper au moyen

d'échelles. Cette construction doit être d'origine vénitienne, car les Vénitiens en avaient construit un certain nombre de ce genre entre Scutari d'Albanie et Uskub, à moins qu'elle ne soient l'œuvre des Génois, qui ont édifié la fameuse tour de Galata.

Au nord de la ville, près de la rivière et dominant la route de Nich, on voit les ruines de la citadelle turque construite sur un rocher. Elle servait d'arsenal aux Serbes qui, en se retirant, ont fait sauter la poudrière. L'explosion a brisé toutes les vitres de la ville et lézardé beaucoup de maisons. Elle a été suivie d'un incendie considérable, si l'on en juge par les traces qu'il a laissées. Dans la cour, des milliers de fusils, de sabres et de baïonnettes, fondus ensemble, ont formé une agglomération semblable à la lave du Vésuve. Le sol est jonché d'éclats d'obus et de cartouches. Les murailles sont aux trois quarts écroulées. Chose étrange, un caisson, resté intact à l'extrémité de la cour, contenait des télégrammes écrits en turc et en serbe.

L'un d'eux, signé Maria, annonçait le renvoi et le remplacement d'une domestique.

Le quartier-général du prince était dans une petite maison, au centre de la ville, non loin de la mosquée. Un poteau, peint aux couleurs serbes, rappelait que le roi Milan s'y était installé peu de jours auparavant. Son pavillon avait été remplacé par celui des Bulgares, aux trois couleurs superposées dans l'ordre suivant: blanc, vert, rouge. Un vieux serviteur se tenait en haut d'un petit escalier et m'introduisit immédiatement dans la salle à manger, où étaient les aides de camp. Le secrétaire du prince, son ancien condisciple qui est fort intelligent et extrême ment aimable, il m'a communiqué les dépêches officielles et m'a donné tous les renseignements désirables. On m'avait affirmé, à Belgrade, qu'il y avait, dans l'armée du prince, beaucoup d'officiers allemands, russes et anglais. Je vis plusieurs officiers bulgares ayant fait leurs études militaires en Russie, mais pas un Russe, ni un seul

Anglais. Quant aux Allemands, il y avait en réalité quatre officiers dont un seul, le baron Corvin, exerçait un commandement à la tête de la cavalerie, qui n'a pas brillé dans la campagne. Les autres étaient : le baron de Riedesel, maréchal du palais, le prince François-Joseph, frère du prince Alexandre et M. Minges.

J'ai connu, à Sofia, un officier Croate, au service bulgare. Il était lieutenant dans l'armée autrichienne et on a eu la cruelle ironie de lui offrir le grade de sous-lieutenant, que la misère l'a contraint d'accepter. Il y avait dans l'entourage du prince un officier de dragons allemand, M. de Huhn, mais il suivait les opérations comme correspondant de la *Gazette de Cologne*.

N'étant pas certain de me trouver encore le lendemain à Pirot, je n'ai pas demandé d'audience, de crainte de ne pouvoir en profiter, ce qui eût été très inconvenant. Du reste, je ne désespérais pas de trouver une autre occasion pour m'entretenir avec le prince qui était fort bienveillant envers les journalistes.

J'ai passé le restant de la journée à parcourir les camps bulgares. Dans une île, située à l'extrémité nord de la ville, on avait installé un abattoir et des cuisines. Les bouchers, saisissant des moutons par la tête, les renversaient sur le dos et les décapitaient rapidement, puis, leur faisant une entaille à la patte, soufflaient pour les gonfler avant de les dépouiller. Le capitaine italien Collocci faisait des expériences physiologiques. En touchant, avec une baguette, le cervelet et l'extrémité de la colonne vertébrale des moutons, il obtenait des mouvements des paupières et des pattes, plusieurs minutes après la décollation. Pendant ce temps, le peintre Piotrowski prenait le croquis d'immenses chaudrons d'origine russe, dans chacun desquels cuisait la nourriture d'une compagnie entière. Autour de nous, des soldats abattaient un charmant bosquet pour alimenter le feu.

Un peu plus haut, sur la colline, au milieu
de vignes dont tous les sarments avaient été
arrachés et brûlés, trois régiments étaient
campés. Quelques escouades s'abritaient sous
de petites tentes comme en possèdent les
troupes d'Afrique. Mais la plupart, ayant
creusé des trous en terre, les surmontaient de
gourbis en branchages et en roseaux recouverts de terre. Les musiques des trois régiment jouaient alternativement, pendant que
les miliciens faisaient l'exercice. C'est une
excellente habitude de ne jamais laisser les
soldats inactifs. La vie sédentaire et oisive des
camps développe les épidémies.

Déjà on signalait quelques cas de dysen-
terie. La nourriture était bonne, mais on
abusait un peu de la viande de porc. Sur la
crête de la montagne, de nombreuses senti-
nelles se détachaient dans le ciel bleu. Sur le
versant, on avait peine à distinguer les soldats, avec leurs vêtements de couleur de
terre, tandis que les Serbes se voient de beaucoup plus loin, grâce à leurs vêtements de

couleur bleu foncé qui paraissent noirs.

Non loin de là se trouve une fontaine où Serbes et Bulgares venaient simultanément puiser de l'eau. Un certain nombre de Serbes, se trouvant mal nourris, désertaient. De l'autre côte de la ville, sur la route de Sofia, j'ai visité un camp semblable, avec cette différence qu'il renfermait de l'artillerie et de la cavalerie. Chaque jour le prince visitait les avant-postes, mais je n'ai pas eu le plaisir de le rencontrer. Une de ses plus grandes qualités, comme militaire, c'est qu'il se montrait souvent et que sa présence inspirait la plus grande confiance aux soldats. Suivant lui, la principale vertu des Bulgares est l'obéissance. Il déclarait n'avoir jamais rien vu de pareil, dans aucune armée; la désertion était pourtant facile et les traînards n'auraient rien à redouter, puisqu'il n'existait pas de prévôté. La discipline devenait inutile. Les soldats, qui marchaient en désordre, se rendaient au combat comme à un lieu de pèlerinage.

Le vieux garibaldien que j'ai rencontré à Lom-Palanka, m'a dit qu'il n'avait jamais vu, dans son pays, un enthousiasme pareil. Le mot ne me semble pas exact. Les Bulgares avaient plutôt l'air d'accomplir un devoir religieux que d'obéir à une grande idée politique. On raisonnera indéfiniment sur les causes du succès inattendu des Bulgares; c'est peut-être à une circonstance fortuite qu'il faut l'attribuer. Lors de la première rencontre, à Slivnitza, deux bataillons bulgares, complètement ivres, se dirigèrent, musique en tête, sur les positions serbes, avec une inconscience du danger qui jeta la panique dans les rangs ennemis. Ils s'emparèrent ainsi de cinq kilomètres de hauteurs. Il n'est pas impossible que ce premier fait d'armes ait donné confiance aux Bulgares, tout en stupéfiant leurs adversaires. Du reste, les Bulgares, qui redoutent les Turcs, n'ont jamais fait aucun cas des Serbes, dont les officiers se sont admirablement battus, puisque cent cinquante ont été mis hors de combat, mais dont les soldats ont en partie perdu les qualités des peuples primitifs.

Pendant que nous visitions le camp bulgare, des miliciens venaient à l'écurie de l'hôtel pour réquisitionner nos voitures et nos chevaux. Nous eûmes assez de peine pour nous les faire restituer. Cette circonstance me décida à retourner à Sofia, car les moyens de transport sont si rares et à des prix tellement exorbitants qu'il est imprudent de se laisser couper la retraite. Un courrier de la reine, M. Lomley, colonel anglais, qui se trouvait avec moi, paya 180 francs pour venir à Pirot. Il a mis un habit noir et une cravate blanche, pour aller dîner avec le prince dont la simplicité est toute militaire. Du reste, ce colonel réalisait bien le type de l'officier anglais qui ne peut se mouvoir sans une quantité prodigieuse d'*impedimenta*. Il avait apporté un hamac, mais les bâtons qui le supportaient se sont brisés au milieu de la nuit. Le colonel m'a raconté que le prince, ayant dépensé la moitié de sa liste civile pour les approvisionnements, était inquiet, par suite du manque d'argent et de l'attitude hostile de l'Europe. Deux puissances seulement le soutenaient, disait-il, l'Angleterre activement et la France passivement.

Jusqu'à présent la température avait été exceptionnellement douce. On ne se souvient pas d'avoir rien vu de pareil, à cette saison, en Bulgarie, mais le 11 au matin tout s'est modifié par un changement à vue comme il n'en existe qu'au théâtre ; le thermomètre est subitement tombé à 21° au-dessous de zéro ; le terrible vent du nord-est, le redoutable chasse-neige, a étendu, sur toute la contrée, un linceul blanc, rendant méconnaissable le terrain de la lutte d'hier, imposant aux belligérants la trêve du froid. J'avais heureusement profité de la dernière journée où le sol conservait l'aspect qu'il avait au moment où il servait de théâtre à un drame très court et désormais historique.

Notre cocher ne voulut pas partir avant le jour, assurant qu'il lui serait impossible de reconnaître sa route. Mais il ne fut pas beaucoup plus heureux pour avoir attendu. On ne pouvait rien voir à vingt pas devant soi. Des tourbillons de neige durcie nous enveloppaient et nous cinglaient le visage, bien que l'on eût relevé la capote du cabriolet. Craignant de heurter les chariots des convoyeurs, le cocher s'agitait, sur son siège, en criant comme un officier de cavalerie à la manœuvre. Les chevaux, n'étant pas ferrés à glace tombaient à chaque instant, l'un après l'autre. Celui de gauche avait les pieds en sang, il eut même le dos écorché par la roue. Le vent soufflait avec une violence telle qu'il enlevait la neige de la route et les chevaux trébuchaient sur le verglas. Nous avons rencontré des ouvriers italiens, venus dans le pays pour les travaux de chemin de fer et qui, à peine vêtus, chantaient en reconstruisant un pont brûlé par les Serbes. Nous arrivâmes d'assez bonne heure à Tsaribrod où nous avons déjeuné avec une sardine et une tasse de café.

7.

A quelques kilomètres de Slivnitza, le cocher, ne pouvant plus avancer en suivant la route, prit à travers champs, mais les chevaux disparurent jusqu'au cou, dans un fossé plein de neige. Je descendis de la voiture avec M. Piotrowsky, mais je m'enfonçai plusieurs fois jusqu'à la ceinture, avant de regagner la route. Là je fis un nombre considérable de chutes et je faillis me casser une jambe. Le cocher nous rejoignit avant d'entrer à Slivnitza, où nous avons trouvé, à l'ambulance, une tasse de thé. A l'entrée de la nuit, les chevaux s'abattirent de nouveau et nous fîmes encore quelques kilomètres à pied.

Bientôt on ne put plus distinguer les poteaux télégraphiques qui jusqu'alors nous avaient servi de phares. Le poteau du télégraphe, l'unique représentant de la civilisation dans ces contrées, l'idole invoquée par les voyageurs perdus dans la neige, le poteau sauveur nous abandonnait. Heureusement nous avons rencontré un petit cavalier bulgare qui traînait son cheval par la bride. Il nous assura qu'à deux ou trois kilomètres, nous trouverions un *han*. Ce jeune volontaire est mort de froid cette nuit-là, ainsi qu'une trentaine de miliciens que nous avions rencontrés escortant des convois.

Par moments, nous nous arrêtions, croyant entendre le tintement lointain des grelots de notre voiture, mais c'était le vent qui bourdonnait à nos oreilles en lançant de la neige durcie contre le collet de nos pelisses. M. Piotrowsky, dont la femme et les enfants étaient à Cracovie, me disait qu'en Russie, lorsqu'on se laisse surprendre par la nuit et qu'on a perdu la route, il n'y a plus qu'à se coucher dans la neige et attendre la mort. Ce jeune artiste de talent, qui admire, comme moi, M. Véreschagine, avait l'intention de consacrer, au conflit serbo-bulgare, quelques toiles de nature à inspirer l'horreur de la guerre, ainsi que l'a fait, avec tant de puissance, le grand peintre russe, à propos de celle de 1877-78. Cette pensée et le souvenir de sa famille lui donnaient du courage. Quant à

moi, dans ce moment où l'instinct de la conservation étouffait toute idée générale, j'é-
prouvais quelque chose d'indéfinissable, une
sorte de mirage du sens de l'ouïe. Une mé-
lodie roumaine, que j'avais entendu chanter
à Sofia, obsédait mon entendement et ne
cessa de le tourmenter que lorsque nous en-
tendîmes les grelots de notre phaéton dont le
conducteur, couvert de neige, ressemblait à
un ours blanc, mais nous parut plus sublime
que Phébus.

Nous nous mîmes sur le siège et les chevaux purent trotter un instant, parce que la
neige, plus épaisse en cet endroit, couvrait
complètement le verglas. Alors le froid nous
engourdit et les mouvements désespérés que
nous faisions pour nous réchauffer finirent
par nous fatiguer, d'autant plus que j'avais
la jambe droite tout écorchée. Mon compagnon me secouait pour m'empêcher de céder
au sommeil. C'est la mort, me disait-il.
Soudain, la voiture s'arrêta. Les chevaux
étaient sortis de la route et se trouvaient au

milieu de la campagne, en face d'une rivière. Après un temps d'arrêt assez long, le cocher finit par se faire entendre de paysans qui lui indiquèrent la route. Nous arrivâmes vers dix heures du soir à Sofia.

Ce récit peut donner une idée de ce que durent souffrir les soldats qui, cette nuit, restèrent en faction sur la crête des montagnes environnant Pirot. Un certain nombre ont eu les pieds gelés, ainsi que cela arrivait chaque nuit en 1878. Depuis ce jour, des ordres ont été donnés pour cantonner les troupes à Pirot et aux environs.

Dans un pays où l'homme a déjà tant de peine à lutter contre le climat, cet ennemi naturel, on devrait, plus que partout, maudire l'ambition des politiciens qui précipitent leurs compatriotes à travers des guerres aussi absurdes qu'inutiles. On pensera sans doute qu'avant d'embellir la capitale, il eût fallu commencer par la rendre accessible, au moyen d'un chemin de fer, ou tout au moins d'un service régulier de postes avec des relais.

VII

L'ARMÉE BULGARE. — LES MUSULMANS. — LE COMMISSAIRE TURC.

Tandis que les Serbes renouvelaient les fautes commises par les Français, en 1870, les Bulgares mettaient à profit l'expérience de 1877 et héritaient à la fois des qualités des Russes et des Turcs. Les officiers serbes se battirent bravement. Ce qui les a perdus, c'est l'insuffisance de la direction. Le roi Milan et son état-major se tenaient constamment loin du danger, tandis que le prince Alexandre passait sa journée à cheval et se montrait partout. Chaque soldat était sûr de le voir au moins deux fois par jour et sa pré-

sence électrisait les troupes. Les jeunes fan-
tassins serbes brûlaient leurs munitions à
3,000 mètres de distance. Les Bulgares, sans
s'émouvoir, montaient à l'assaut des hauteurs. Les Serbes, qui se trouvaient au sommet, ne pouvaient diriger de feu plongeant
et ne leur causaient aucun dommage. Puis,
quand ils les voyaient arriver en haut, ils se
sauvaient, soit qu'ils n'aient plus de munitions, soit par peur de perdre leur mauvaise artillerie. C'est à ce moment qu'ils auraient dû faire comme les Turcs à Plewna,
s'ils avaient eu le sang-froid de laisser appro-
cher l'ennemi et de réserver leurs cartouches.
Les soldats serbes ne tirent pas avec la baïonnette au bout du fusil et, lorsque l'ennemi
approchait, ils n'avaient pas même la présence d'esprit de faire le mouvement si simple, et qui exige si peu de temps, consistant
à mettre la baïonnette au canon. La tactique
du prince Alexandre consistait à rester sur
la défensive, toute la journée, puis à attaquer
vigoureusement un peu avant le coucher du

soleil. Lorsque la nuit arrivait, l'ennemi, surpris par l'obscurité, ne pouvait même pas
essayer de reprendre ses positions. Pendant
la nuit, les Bulgares élevaient des retranchements qui, le lendemain, défendaient tout retour offensif de l'ennemi. Les Serbes, au contraire, ne savaient pas remuer la terre, ainsi
que les Bulgares l'ont appris à l'école des Turcs
et des Russes. C'est comme cela qu'ils se sont
laissés poursuivre, la baïonnette dans les reins,
sur une longueur de plus de trente kilomètres,
de Slivnitza à Pirot, abandonnant les positions les plus faciles à défendre. Ils croyaient
peu au début à la résistance des Bulgares
et ils semblent avoir été pris de panique. Du
reste, la plupart des militaires d'Europe partageaient leur confiance. Seul, notre attaché a
Constantinople, le colonel Caffarel, qui avait
suivi les manœuvres des deux côtés, avait
prévu le succès des Bulgares, ce qui fait honneur à la perspicacité française. Une réflexion
qu'il est indispensable de faire, c'est qu'il ne
faut jamais rester sous l'impression ressentie

quelques années auparavant. On doit se tenir
constamment au courant des réformes réali-
sées. Il était aussi imprudent de juger les
Bulgares, de 1885, d'après ce qu'on avait vu
en 1877, qu'il serait dangereux de comparer
l'armée française actuelle à celle de 1870.
Quand on entend de vieux militaires, déclarer, comme l'a fait M. Margaine, que jamais
la France n'aura une armée meilleure que
celle de 1870, on ne saurait protester avec
trop d'énergie. Ceux qui ont cru que le départ
des officiers russes serait la perte des Bulgares se sont également trompés. C'est une
des causes de leur succès, car les jeunes capi-
taines, pleins d'ardeur et nullement routiniers,
dont on a fait des généraux, ont mieux servi
le pays que ne l'auraient fait des étrangers.
Il n'est pas inutile de rappeler qu'en 1792
nos vieux généraux étaient ou des traîtres ou
des incapables et que nous avons été sauvés
par de jeunes officiers. Si, en 1870, nous
nous étions débarrassés de tous les vieux généraux de l'Empire et si nous avions eu, pour

commander les excellents soldats que nous
avions au début, les jeunes généraux de la
seconde partie de la guerre, les choses auraient
pu tourner autrement. Napoléon Ier déclarait
qu'on ne peut plus commander en chef lorsqu'on a atteint l'âge de 45 ans. Enfin, un des
plus jeunes et des plus capables officiers allemands, Gorts-Pacha, qui dirige l'Ecole militaire de Constantinople, disait, avec raison,
à propos des victoires bulgares : « La nation
qui, au début d'une guerre, a le courage de
se défaire de tous les vieux généraux, est plus
certaine de vaincre. » C'est un conseil dont les
Français devraient profiter. Si la guerre serbo-
bulgare n'avait pas eu d'autre résultat que de
faire la démonstration de cette vérité, il ne
faudrait pas la regretter et la presse française
devrait s'applaudir d'y avoir envoyé un de
ses représentants recueillir ce précieux enseignement. On voudra peut-être en tirer un
argument contre le service de trois ans, et on
fera observer que les Serbes, ne servant que
six mois, ne pouvaient lutter contre les Bul-

gares ayant deux ans de service. Je répondrai
que dans l'armée allemande il y avait, en
1870, beaucoup de soldats n'ayant pas six mois
de service. L'éducation d'un soldat peut être
suffisante après un si court laps de temps.
Mais ce qui ne s'acquiert pas à la caserne,
c'est la sobriété, l'endurcissement à la fatigue, le sang-froid en face du danger. Dans
les pays couverts de routes et de chemins de
fer, on désapprend à marcher. Le bien-être
rend incapable de supporter la faim et le
froid. Or les Bulgares sont habitués à manger
du pain, à boire de l'eau et ils couchent par
terre. Ils obéissent avec une patience qu'ils
doivent à la domination ottomane et qu'ils
perdront peut-être un jour, lorsque l'instruction sera plus développée. On a vu à Sliv-
nitzá deux mille hommes quitter leurs positions pour aller chercher des vivres dans les
villages voisins. Il y en eut même trois cents
qui marchèrent toute une nuit pour aller acheter du tabac, à Sofia, et qui sont revenus le
lendemain matin. On peut considérer comme

démontré qu'un peuple de laboureurs doit fournir de bons soldats, or les Bulgares sont une nation essentiellement agricole. S'ils devenaient des commerçants ou des avocats, comme les Grecs, ce n'est pas un séjour prolongé à la caserne qui leur rendrait les qualités perdues. A ce propos, un médecin allemand m'a dit qu'il avait conseillé au prince Alexandre de ne jamais faire de chemins de fer, en Bulgarie, afin de conserver, à ses sujets, leurs qualités primitives.

Sur le pied de paix, l'armée bulgare compte 8 régiments d'infanterie, à 3 bataillons, d'un effectif de 16,800 hommes portés à 24,000 en temps de guerre, 2 régiments de cavalerie à 4 escadrons ont le même effectif en temps de paix et en temps de guerre, soit 1,400 hommes, auxquels il faut ajouter les 250 hommes de l'escadron d'escorte du prince. Il y a 2 régiments d'artillerie à 6 batteries de 1,560 hommes en temps de paix et 2,160 sur le pied de guerre, 1 compagnie d'artillerie à pied de 180 hommes, 1 bataillon

du génie à 880 hommes et 1,600 hommes de
gendarmerie. Ce qui fait un total de 22,570
hommes en temps ordinaire et de 30,370
avec la mobilisation. En cas de guerre on
forme 24 bataillons d'infanterie, ce qui donne
24,000, plus 6,000 hommes de landsturm et
2,000 du train. C'est au total 62,320 hommes,
auxquels viennent se joindre un nombre illimité de volontaires. Les hommes, servant
deux ans, ont plus d'instruction que les Serbes
et l'abondance des cadres ne force pas à
désorganiser le noyau d'armée active. Quant
aux milices rouméliotes, ce n'est, suivant
l'expression du prince Alexandre, qu'une population armée et non des soldats.

L'attitude des troupes bulgares ayant surpris tout le monde, les uns en attribuent le
mérite exclusif au prince Alexandre, dont on
a fait un héros légendaire au cœur de lion.
D'autres s'imaginent que les instructeurs
russes ont tout fait. Jugeant les maîtres
d'après les élèves et considérant les Serbes
comme un produit de l'Autriche, ils vont

même jusqu'à conclure que l'Autriche sera battue par la Russie. Il me semble qu'il y a de l'exagération dans cette manière de voir. J'ajouterai que la comparaison, si elle était exacte, serait peu flatteuse pour nous, car la Serbie n'a subi que depuis peu l'influence autrichienne. Elle a suivi, comme son roi, l'exemple de la France, mais de la France d'avant 70.

Si la Russie, ou une puissance quelconque, avait le pouvoir de métamorphoser une nation, comme on suppose qu'elle l'a fait avec la Bulgarie, comment se fait-il que Tchernaïeff et les milliers de volontaires russes qui sont allés en Serbie, en 1876, n'aient pas réussi à modifier ce pays suffisamment pour l'empêcher d'être écrasé par les Turcs? Il est injuste de compter pour peu de chose la sobriété des Bulgares, leur dureté à la fatigue, leur esprit d'obéissance et de résignation.

Il ne faut pas méconnaître non plus l'influence considérable de l'élément musulman. Les officiers bulgares reconnaissent que les musulmans étaient toujours les premiers et entraînaient les autres.

Sur cent médailles d'argent, distribuées d'après le choix des soldats eux-mêmes, les musulmans en ont eu quinze. La seule médaille d'or, donnée à la suite de la campagne, l'a été à un musulman.

La population totale de la Bulgarie est, d'après le recensement de 1881, de 2,007,919 habitants et celle de Roumélie orientale de 815,946.

Il y a environ 600,000 musulmans en Bulgarie et 200,000 en Roumélie orientale. Ils sont soumis au service militaire et nomment des députés, qui sont au nombre de 20 dans l'assemblée de Sofia. Ces députés, n'étant ni conservateurs ni libéraux, pourraient jouer le même rôle que les Irlandais dans le Parlement anglais. Jusqu'à présent, ils ont presque toujours voté avec le gouvernement. L'émigration qui, en 1878, avait atteint des proportions désastreuses, s'est arrêtée subitement.

Quelques municipalités inintelligentes continuent le système de vexations inauguré au moment de la guerre turco-russe ; mais, en général, les musulmans se trouvent plus heureux qu'en Turquie. En effet, dans l'empire ottoman, les chrétiens jouissent d'une situation privilégiée, sont exempts du service militaire, et les musulmans ont seuls à supporter les conséquences des guerres et des insurrections, tandis qu'en Bulgarie ils partagent les droits et les devoirs des chrétiens.

Au début du conflit, il y a eu une certaine hésitation à laquelle le prince a mis fin, par son attitude résolue et très politique. Il est allé à la mosquée de Philippopoli et a demandé des prières pour le sultan et pour lui, ce que n'avaient osé faire ni Aleko ni Gabril, qui pourtant étaient des gouverneurs turcs. Rassurés sur les intentions du gouvernement bulgare, les musulmans ont combattu avec vaillance pour l'intégrité de l'Empire ottoman.

Si on avait laissé faire les sulbaternes timorés qui commençaient à désarmer les musulmans, on aurait peut-être eu à redouter une insurrection. C'est grâce à l'habileté du prince Alexandre qu'on a évité ce danger. C'est également lui qui est principalement cause que les Turcs ne sont pas entrés en Roumélie.

Le prince n'a cessé d'offrir à la Turquie les garanties les plus complètes, telles que l'occupation des Balkans et le droit de placer des garnisons à Sofia et Philippopoli. Il était certainement sincère, mais la Turquie a été trompée tant de fois, elle est devenue si hésitante et si craintive, qu'elle a laissé échapper une occasion qui ne se retrouvera peut-être jamais. Le lien féodal qui unit le prince au sultan n'est qu'une fiction. Il aurait fait place à une union fédérative. La Bulgarie pouvait rester dans l'empire ottoman comme la Bavière fait partie de l'Allemagne. Dès lors la réunion de la Roumélie n'offrait plus aucun danger. La Serbie et la Grèce, qui sont jalouses de la Bulgarie, n'avaient plus de prétexte d'irritation, puisque le démembrement de l'empire turc n'était pas commencé, et on ne donnait pas le signal de la curée dont elles réclament leur part.

Les musulmans forment un tiers de la population de Bulgarie. Ceux des villes ont émigré et il en reste fort peu à Sofia. Mais du côté de Routschouk et de Viddin, ils sont restés attachés au sol parce qu'ils étaient cultivateurs. La plupart des Bulgares parlent le turc ; beaucoup de leurs hommes d'État ont été fonctionnaires ottomans. L'union, qui est encore très facile aujourd'hui, le sera beaucoup moins dans l'avenir. Le plus mauvais parti est celui de n'en prendre aucun. L'indécision, qui a été si funeste à la France, en 1866, perdra peut-être la Turquie. La France, qui a des intérêts considérables en Serbie et en Turquie, en a beaucoup moins en Bulgarie. Elle ne doit nullement désirer que l'influence anglaise se substitue à celle de la Russie, mais il y a, pour nous, un avantage réel à ce que ce pays se réconcilie avec la Turquie.

Gadban-Effendi, qui était un des deux commissaires envoyés, par le Porte, à Philippopoli et a remplacé Niad-Pacha, en qualité de commissaire des vakoufs, était mon voisin à l'hôtel de Bulgarie. J'ai longuement causé avec ce Syrien catholique. Il est très instruit, fort intelligent et s'exprime admirablement en français. Comme sa pensée reflète, sans aucun doute, celle du sultan Abd-ul-Hamid, le récit de cette entrevue, que j'ai noté avec la plus scrupuleuse exactitude, a une importance exceptionnelle. Il éclaire la question d'Orient d'un jour tout nouveau.

Après avoir rappelé que j'étais venu en Bulgarie, pendant la guerre turco-russe, j'exprimai ma surprise de voir que les Bulgares avaient conservé les qualités d'obéissance, de douceur, de sobriété, de patience et de résignation qu'ils partageaient avec les Turcs, au contact desquels ils ont vécu pendant tant de siècles. Mon interlocuteur me dit :

— J'ai fait la même remarque. On croirait

que les Bulgares sont encore sous la domination
ottomane. Ainsi il est extraordinaire de voir
que des convois, de plus de cent chariots, sont
seulement escortés par deux miliciens. Dans
d'autres pays, il faudrait autant de soldats
que d'attelages. Les Bulgares ont mieux conservé leurs qualités primitives, parce qu'ils
n'étaient pas en contact avec les étrangers.
Les Grecs et les Serbes, qui habitaient la
frontière, avaient des relations plus suivies
avec les autres peuples, dont ils prenaient les
défauts plutôt que les qualités. Entourés de
populations turques, qui les isolaient, les Bulgares s'adonnaient exclusivement à l'agricul-
ture et n'avaient pas de mauvais exemples
sous les yeux.

— Si la Turquie avait voulu, elle n'aurait
jamais eu de sujets plus fidèles. La plupart
des Bulgares parlent le turc. N'est-il pas regrettable que l'on n'ait pas songé à leur donner les mêmes droits et les mêmes devoirs
qu'aux musulmans ? Le service militaire et
l'école auraient achevé la fusion. C'est l'ex-

cessive tolérance des Turcs qui a causé leur faiblesse.

— Oui la tolérance est un dogme pour les musulmans. Elle a pu les affaiblir, dans les temps modernes ; mais elle est cause de la rapidité prodigieuse de leurs succès au début. S'ils avaient voulu s'attarder pour imposer leur langue et leur religion, obligés de livrer des combats interminables, ils n'auraient jamais pu s'avancer aussi rapidement au cœur de l'Europe.

— Sans doute, ils auraient moins conquis, mais conservé davantage.

La perte d'une province n'est rien comparée à l'amoindrissement du prestige impérial. Notre système politique ressemble à celui que l'empire romain, où tant de peuples divers, s'ignorant les uns les autres, n'avaient d'autre lien que le respect pour la personne de l'empereur. Les institutions parlementaires, bonnes pour l'Occident, ne valent rien chez nous, car elles ne font que détruire le principe d'autorité sans pouvoir le remplacer. Notre gou-

vernement est absolument patriarcal. Il est
une reproduction de ce qui se passe dans la
famille. Il y a de bons et de mauvais enfants.
La bienveillance paternelle doit être égale
pour tous et ramener, par la douceur, ceux
qui s'égarent.

— Ne pensez-vous pas que de bonnes frontières naturelles sont indispensables à la Turquie et que si elle n'occupe pas militairement
les Balkans, elle risque de perdre la Macédoine?

— L'occupation des Balkans est matériel-
lement impossible. Il faudrait pour cela cent
mille hommes, dépenser au moins 40 millions, construire des forts et des casernes.
Qui trouvera cet argent? Et puis, ces garnisons isolées, au sommet de la montagne,
seront facilement affamées du moment où il
n'existera pas de postes intermédiaires dans la
plaine. L'Europe a concédé, à la Turquie, un
droit purement illusoire. Nous n'avons pas
besoin de garantie contre les Bulgares. La
communauté d'intérêts et la sympathie nous

rapprocheront. S'ils ne comprennent pas qu'il n'y a pour eux aucun danger de notre côté, et s'ils forment l'avant-garde de nos ennemis, les précautions que nous aurions pu prendre ne nous sauveraient pas.

— N'êtes-vous pas choqué de voir que les mosquées ont été profanées ?

— C'est nous qui en avons donné l'exemple en 1877. De tout temps les mosquées ont servi pour les blessés et les malades, mais jusqu'alors on n'en avait pas fait des magasins d'approvisionnements. Après notre départ, les Bulgares s'en sont emparés et ils continuent à les utiliser, ce qu'ils n'auraient pas fait, si nous n'avions pas créé un précédent.

— Vous ne gardez pas rancune aux Bulgares pour les 500,000 musulmans qui ont été massacrés en 1878 ?

—Ce qui est arrivé est la faute de nos fonctionnaires, qui fuyaient au lieu de rester à leur poste, à l'approche des Russes. Les populations, affolées, se répandaient sur les routes, entassant tout ce qu'elles avaient de précieux dans leurs chariots. Elles interceptaient la circulation sur des parcours de plus de vingt kilomètres. Les envahisseurs, pressés par la faim et le froid, dégageaient les routes comme ils pouvaient. Sans doute, un nombre considérable de réfugiés ont été tués, mais la plus grande partie sont morts de froid et de faim, après avoir perdu leurs attelages, qui, pour eux, étaient le salut.

— Ainsi vous croyez à la réconciliation complète des Turcs et de Bulgares ?

— Oui, je pense que les Bulgares seront touchés de la modération de Sa Majesté, qui est sollicitée de tous côtés pour occuper la Roumélie orientale. L'armée, frémissante, n'attend qu'un signal, mais le sultan a trop de bonté pour vouloir exposer ces malheureuses populations aux horreurs de la guerre.

Cette politique sentimentale fera sourire bien des incrédules. Ils la trouveront quelque peu naïve. Ils penseront qu'elle est celle d'un saint, mais non d'un empereur. Ils diront que les vertus patriarcales ne suffisent pas pour conserver le prestige d'un pouvoir qui, dans le passé, a surtout vécu de gloire militaire. Mais ils auraient tort de douter de la sincérité de ces apôtres de mansuétude. Il serait peut-être à souhaiter, pour la Turquie, qu'elle ait moins de confiance dans la reconnaissance des autres, moins de dédain pour les garanties que les Bulgares ont eux-mêmes offertes, au moment du péril, et qu'ils refuseront peut-être, une fois le danger passé, comme ces matelots qui font des vœux à la madone, pendant la tempête, et qui oublient leurs serments une fois à terre. On voit que Gadban n'est pas musulman. Il parle comme un élève des Jésuites. Il est un de ces hommes qui mettent les doctrines du droit divin au service de l'absolutisme oriental. Ce n'est pas un patriote préoccupé de la grandeur terrestre de sa patrie. On serait tenté de croire que rien ne vaut, pour lui, le royaume des cieux.

VIII

LA CAPITALE BULGARE

Sofia, l'antique Sardica, dont les Bulgares
ont fait Sredek, occupe une superficie double
de la ville que j'ai visitée en 1877, mais elle
n'est nullement méconnaissable, parce qu'on
a eu le bon esprit de construire la nouvelle
cité sur un plateau voisin de l'ancienne et
sans démolir celle-ci. Comme dans toutes
les capitales des nouveaux Etats, on s'est cru
obligé d'adopter le style ponts et chaussées
et de sacrifier au mauvais goût du jour. Toutefois, en introduisant ici ce que l'on voit partout, on a eu le mérite de ne pas détruire ce
qui fait l'originalité des villes d'Orient, dont

le plan capricieux cause de charmantes surprises au visiteur.

On n'a pas arraché tous les arbres qui ombrageaient les rues principales, et dont quelques-uns sont énormes et ont plus de prix que les maisons, car celles-ci peuvent être rebâties en quelques mois, tandis qu'il faut un siècle pour avoir des arbres semblables. De chaque côté de la principale rue, on voit deux anciens édifices, construits à la manière byzantine, en briques alternant avec la pierre. Des marchands juifs ont installé un grand nombre de petites boutiques au milieu de ces ruines. Les dômes anciens sont écroulés, mais l'une des cours est assez pittoresque, car elle renferme une fontaine et des arbres. Le bâtiment qui est de l'autre côté de la rue possède une vieille porte en fer, très remarquable, avec un cadenas en rectangle, long d'un demi-mètre, et qui est à lui seul une grande curiosité.

Il existe encore cinq ou six mosquées. Celle qui est restée consacrée au culte pos-

sède un péristyle à colonnes et un large avant-
toit comme on en voit beaucoup en Orient,
où ce genre a été apporté de l'Asie centrale
par les Turcs. La grande *djami*, construite
en pierres, entourées chacune de deux rangs
de briques, est surmontée de neuf coupoles
dont trois plus hautes. Elle n'a plus de minarets. D'ignobles tuyaux de poêles s'échappent
de ses gracieuses fenêtres ogivales. Ils forment des coudes et on croirait voir les bras
sinistres de l'industrialisme, faisant des pieds
de nez aux artistes navrés. Dans cet édifice,
le plus beau de Sofia, on a installé provisoi-
rement l'imprimerie nationale. La grande et
superbe nef est un dépôt de vieux papiers.
On ne peut espérer qu'elle soit rendue au
culte, puisqu'il n'y a presque plus de musulmans à Sofia, mais on pourrait en faire un
musée. Il serait urgent de créer un service
de conservation des monuments historiques.

Une autre petite mosquée en ruines possède un minaret, avec des stalactites en encorbellement, formant une infinité d'alvéoles.

J'ai remarqué également un minaret peint en
rouge et surmonté d'une coupole en poivrière.
Enfin, dans la rue de Samakoff, au milieu
d'un faubourg, il existe une belle mosquée
moderne, bien construite, dont le vaste
dôme de couleur noire justifie le nom de
kara djami qu'on lui a donné. Elle occupe
le milieu de vastes constructions turques, en
briques et en pierres, servant de casernes et
de prison.

A une autre extrémité, dans une position
excentrique par rapport à l'ancienne ville,
au sommet d'un plateau autour duquel
s'étend la nouvelle, on conserve les ruines
d'un vaste édifice, en pierres et en briques,
qu'on dit être l'ancienne église byzantine de
Sainte-Sofia qui a donné son nom à la capitale bulgare. Elle aurait été transformée en
mosquée et on voit encore la base, en pierres
de taille, d'un minaret renversé. Il semble
qu'elle ait été diminuée de longueur, ou que
son portail se soit écroulé, car, du côté du
nord, son vaste vaisseau en plein cintre,

dont la coupe apparaît au dehors, a été bouché par un mur en briques.

L'orientation a dû être changée et l'entrée moderne est une petite porte latérale. Les fenêtres, en ogive ou en rosace, sont d'un dessin curieux. Tout un pan de mur est écroulé. Une coupole est couverte de broussailles ; quelques arbres ont même pris racine sur le mur d'une des nefs latérales.

Il existe encore, à Sofia, un grand nombre de fontaines turques, placées au milieu des carrefours. Ce sont de petits édifices quadrangulaires dont les toits ont une courbe particulière et gracieuse. J'ai vu, avec peine, que le cimetière musulman avait disparu et que l'on avait pris les pierres tombales pour paver les trottoirs. On foule aux pieds de gracieuses arabesques qui seraient mieux dans un musée. On a, en outre, entouré certaines fontaines avec des colonnes funéraires qui font l'office de bornes.

Les deux églises bulgares, assez modernes, sont fort laides. Chacune est surmontée de trois cylindres percés de longues fenêtres étroites, semblables à des meurtrières. Ce style disgracieux est imité de la Roumanie. Peut-être a-t-on voulu éviter tout ce qui rappelait l'art byzantin ou turc. On aurait pu trouver, en Russie, des modèles moins dépourvus d'élégance. Dans l'une de ces églises, j'ai vu, un dimanche, un régiment de soldats bulgares, vêtus de chemises brunes boutonnées sur le côté, à la Russe, et tenant chacun un petit cierge allumé. A la sortie, tous les assistants défilaient devant un vaste plat rond contenant une sorte de sucrerie, semblable à du riz, et dont chacun mangeait une cuillerée. La synagogue et la chapelle catholique ne méritent aucune attention.

La plupart des villes d'Orient ont été construites en suivant les règles d'une certaine harmonie inconnue en Occident et qui se retrouve encore à Sofia. Les diverses professions étaient autrefois groupées dans le même quartier. Il existe encore des rues affectées exclusivement à une spécialité. Il y a la rue des

Bouchers, celle des Tailleurs, des Selliers, etc.
Les habitations paisibles, destinées à la vie
d'intérieur, sont éloignées du centre bruyant.
Chacune possède son jardin, sa citerne, son
bain. Aucune n'est plus élevée que les autres
et n'intercepte l'air ni la lumière. Les chambres ont beaucoup de fenêtres. L'hiver, quand
le soleil donne, on est comme dans une
serre; l'été on ouvre tout et on se croirait à la
campagne. Ces dispositions ingénieuses indi-
quent une science et une recherche du bonheur domestique, ignorées de nous qui su-
bissons des voisinages bruyants et la tyrannie
des concierges.

On voit encore à Sofia, dans les rues com-
merçantes, les traditionnelles petites boutiques ouvertes. On remarque, comme autrefois, des marchands ambulants de pain et
de confiseries, qui placent leurs produits sur
des trépieds élevés. Quelques-unes des petites
industries ont disparu. Je n'ai pas retrouvé
les Albanais qui exécutaient ces travaux en
filigrane d'argent avec un art merveilleux

dont le secret se conserve à Prizren. Du reste, presque toute la population musulmane de Sofia a disparu, et c'est un grand malheur, car cette capitale n'a pas plus de 20,501 habitants, dont 6,000 juifs d'origine espagnole.

Sofia n'est pas la ville la plus peuplée de la Bulgarie. Cela tient, sans doute, à ce qu'elle a perdu sa population musulmane. Routschouk qui, du temps des Turcs, était le chef-lieu du vilayet, compte encore 26,163 habitants, Varna 24,555, Chumla 23,093, Viddin 13,714.

La nouvelle ville occupe une superficie hors de proportion avec le nombre des habitants et les ressources de la municipalité. La voirie est beaucoup trop considérable et son entretien devient difficile. On a tracé des alignements infinis et donné aux rues la largeur de nos boulevards. De loin en loin, on a bâti quelques maisons, perdues dans ce vaste désert, où on ne rencontre personne après le coucher du soleil, si ce n'est les veilleurs de nuit qui correspondent entre eux au moyen d'un sifflet. Les rues ont des noms et les maisons des numéros, mais l'éclairage se fait encore au pétrole. Ce sont des ingénieurs et non des artistes qui ont tracé le plan de la nouvelle Sofia.

Le palais du prince est complètement dépourvu de style. Il a coûté trois millions et en vaut bien le tiers. C'est une préfecture de seconde classe. Le prince devait s'ennuyer horriblement dans cette vaste construction peuplée de 200 serviteurs et employés qui faisaient une brèche terrible à une modeste liste civile de 600,000 francs. Devant le palais, on voit l'inévitable square planté de queues de billard, avec un petit kiosque pour la musique. Les ministères, construits en briques, sont recouverts d'un plâtre qui se détache déjà. Les légations se sont fait construire des demeures assez spacieuses. Celles de Russie et d'Autriche sont les plus remarquables.

Tout près du palais, on voit le grand hôtel

de Bulgarie organisé d'après le système autrichien. Les architectes, Autrichiens et Roumains pour la plupart, ont fait de la nouvelle Sofia une copie de Bucarest, avec les mêmes fourneaux en briques, ressemblant à des tabernacles. Le mobilier, de provenance viennoise, est un joli article d'exportation en tôle peinte et dorée, d'un transport facile et peu coûteux.

On a construit un manège pour le prince et cinq ou six vastes casernes du même style que celles de Constantinople. Le palais de de l'assemblée ressemble à un théâtre. C'est le monument le plus considérable après le palais du prince. L'imprimerie nationale et divers établissements d'utilité publique ne sont pas encore achevés. Tout cela constitue un cadre immense où pourra se mouvoir une population de plus de cent mille habitants. Viendra-t-elle jamais? C'est douteux, car les Bulgares sont essentiellement agriculteurs, et les étrangers, tant qu'il n'y aura pas de chemins de fer, ne seront pas tentés de faire le voyage. Il exige trop de temps et d'argent.

Il y a un nombre considérable d'hôtels à Sofia. Les principaux portent les noms suivants : *Bulgarie, Radak, Vitoch, Union, Vasof, Isker, Concordia* et *d'Orient.* Ces deux derniers, situés dans l'ancienne ville, contiennent de cafés où on entend des chanteuses allemandes ou roumaines et ces orchestres de femmes, originaires de Bohême, comme on en trouve dans toutes les villes d'Orient, et que l'on prend à tort pour des tziganes. Il y a trois ou quatre de ces établissements à Sofia, où il n'existe aucun théâtre. Mais la capitale bulgare possède un *Union-Club* où l'on est servi par des garçons en livrée; elle a aussi son club du patinage où quelques femmes étrangères vont parfois faire admirer leurs mollets. Le seul café restaurant un peu propre est celui de Pachkoff, près de l'hôtel de Bulgarie.

Aux environs de Sofia, sur la route de Bali-Effendi, on a élevé un obélisque à la mémoire du tsar Alexandre II. Autour de ce

monument, on a dessiné les allées d'un square,
mais les arbres qu'on y a plantés donneront de
l'ombre dans vingt ans. Sur la route de Lom-
Palanka, il existe un faubourg tzigane assez
misérable. Les étrangers y vont avec l'espoir
de découvrir de remarquables types féminins,
mais ils éprouvent un grande déception. Les
anciennes redoutes turques, qui entouraient la
ville, existent toujours, notamment le fort
Medjidié, qui occupe un excellent emplacement au sommet d'une colline. Mais les défenses naturelles de Sofia sont à 25 kilomètres, dans le magnifique collier de Balkans
qui entourent l'ancien lac desséché, au milieu duquel la capitale émerge comme une
île.

On a vivement critiqué le choix de Sofia
comme centre de la principauté bulgare. Sans
doute on s'est souvenu que Constantin voulait
en faire la capitale de son empire. Elle est en
effet admirablement située, pour dominer
toute la presqu'île balkanique ; mais Tirnovo
convenait mieux à une Bulgarie moins ambi-

tieuse. Le choix de Sofia indiquait l'intention de conquérir un jour la Macédoine et de s'étendre jusqu'à la mer Egée. L'Europe ne l'a pas compris ou n'a pas su l'empêcher. Il est peut-être déjà trop tard.

Bien que la Bulgarie ait eu, pendant sept ans, un prince d'origine allemande, ce pays est moins germanisé que la Serbie dont le roi a pourtant reçu une éducation française et où les intérêts économiques de la France sont si considérables. Sans doute la cour de Serbie et les sphères gouvernementales se servent de notre langue, mais dans le commerce, la langue allemande, introduite par les Hongrois et les Croates et surtout les juifs autrichiens, a fait des progrès rapides. Cela tient principalement aux chemins de fer qui sont notre œuvre et qui mettent en contact la Serbie et l'Autriche. Lorsque la ligne de Nich à Sofia sera terminée, le germanisme s'avancera également du côté de la Roumélie, tandis que le rattachement de Sofia à Constantinople servirait nos intérêts commerciaux et intellectuels.

Ce n'est pas par la voie de terre, mais par
la navigation méditerranéenne que s'est fondée et se maintient notre influence chance-
lante. Les chemins de fer roumains ont nui
également au commerce français, qui se faisait
par le port danubien de Galatz. En Bulgarie,
notre commerce a beaucoup moins d'importance qu'au temps des Turcs; il est à peine
aujourd'hui de 2 millions par an. La demi-
indépendance dont jouit la principauté en est
certainement cause. L'indépendance complète,
en supprimant les capitulations et le protectorat catholique, nous annihilerait. Notre intérêt est que la Bulgarie reste unie économi-
quement et politiquement à la Turquie.

La plupart des hommes influents du pays
ont reçu une éducation française, mais cela
tient à ce qu'ils ont été élevés à Constantinople,
où les intelligences sont orientées vers Paris.
Beaucoup de jeunes Bulgares ont fait leurs
études chez nous, mais si la Bulgarie se déta-
chait de la Turquie, pour entrer dans la
sphère d'action de l'Autriche ou de la Russie,

son foyer intellectuel serait Vienne ou Saint-Pétersbourg. Je dois dire que l'influence russe, lorsqu'elle était prépondérante, n'a jamais nui volontairement aux intérêts français. Le prince Cantacuzène s'est même souvent employé en notre faveur et notre gouvernement ferait bien de lui témoigner sa gratitude.

Le protectorat catholique nous permet de conserver la langue française dans les écoles congréganistes. On a même vu l'évêque catholique de Philippopoli, un Dalmate, arborer le drapeau français pour recevoir la visite du prince. Les Autrichiens sont certainement très jaloux et ils voudraient bien prendre notre place. Un diplomate de cette nation se plaignant, devant moi, de cette suprématie française qui ne lui semblait pas justifiée, attendu que la France ne donnait pas de subventions, je lui répondis que, dans les monarchies, le souverain recevait une liste civile de ses sujets et ne les subventionnait pas. La souveraineté française est dans le même cas. C'est notre droit de nous servir des corporations, au profit de la diffusion de notre langue et de nos idées, mais nous sommes seuls juges de la limite de l'appui que nous devons leur donner en échange. Il y a là une question de mesure difficile à saisir, en France, où la doctrine du tout ou rien a tant de partisans.

Voici un autre exemple de la nécessité de s'éloigner de l'absolu pour rester dans les nuances. En Roumanie, l'alliance israélite et les protecteurs des juifs, M. Waddington notamment, nous ont fait beaucoup de tort, car les juifs sont Allemands ou Polonais, ils ne peuvent progresser qu'au détriment de la langue et de l'influence françaises ; tandis qu'en Bulgarie, comme dans toute la Turquie, les juifs sont d'origine espagnole, ils enseignent notre langue dans leurs écoles. Nous avons intérêt à les soutenir, car ils nous rendent service, tandis qu'ils pourraient nous nuire s'ils favorisaient le germanisme, comme en Roumanie et en Serbie.

Il n'y a que trente Français à Sofia et deux Espagnols protégés français. Ce sont des professeurs envoyés par l'alliance israélite et qui nous rendent beaucoup de services. Les congréganistes résistent difficilement à la tentation de faire de la propagande et ils veulent conserver le monopole de l'éducation, les professeurs français laïques, en s'introduisant dans les écoles non catholiques, nous sont peut-être plus utiles.

IX

LE TRIOMPHE D'ALEXANDRE

La suspension d'armes a été obtenue de la façon suivante. Les représentants des puissances à Belgrade, se sont réunis et ont décidé, après avoir consulté leurs gouvernements, de proposer un armistice aux belligérants. Le prince Alexandre, ne s'étant pas empressé d'obéir, le comte Kevenhuller, ministre d'Autriche, se rendit au camp de Pirot et déclara au prince que s'il ne s'arrêtait pas les troupes autrichiennes entreraient le soir même en Serbie, et que les Russes occuperaient la Bulgarie. Les ministres bulgares voulurent lui demander une déclaration écrite, à laquelle ils auraient répondu le lendemain. Mais le prince fut indigné à la pensée qu'on pût soupçonner la loyauté d'un gentilhomme autrichien, comme s'il s'agissait de ses Bulgares. Et il accepta le principe de l'armistice. Il fut reconnu depuis que le comte Kevenhuller, n'ayant reçu aucune instruction, avait engagé son gouvernement sans le consulter. C'est seulement huit jours après et à la suite d'un voyage à Vienne, qu'il put envoyer une note écrite. Les puissances décidèrent d'envoyer leurs attachés militaires, de Vienne, pour conclure un armistice. Lorsque ces officiers vinrent à Pirot, le prince Alexandre les accueillit avec une froideur justifiée en leur disant :

— Je sais bien que vous venez m'enlever le fruit de mes victoires.

On lui répondit :

— A la manière dont nous vous nous recevez, nous voyons bien quel est le vainqueur. A Nich, le roi Milan avait une attitude beaucoup plus humble.

La Bulgarie, étant vassale de la Turquie, celle-ci désigna, pour négocier avec les représentants des grandes puissances, Madjid-Pacha comme commissaire civil et le général de brigade Chakir-Pacha, comme commissaire militaire. L'armistice fut rapidement conclu et l'évacuation des territoires occupés commença aussitôt.

Le retour du prince, dans sa capitale, ayant été annoncée pour le 27, à onze heures, on travailla jour et nuit, pendant quarante-huit heures, pour orner la ville. On commença par enlever la neige, dans les rues que devaient parcourir le cortège, puis on planta, sur tout le parcours, de petits mâts quadrangulaires, recouverts d'étoffes aux couleurs nationales rouge, vert et blanc. Puis, on éleva un arc de triomphe à l'entrée de la ville. Devant le palais on planta d'autres obélisques, en bois recouvert d'étoffes, ce qui est assez ingénieux comme économie et pas du tout banal. On en fit une avenue conduisant à un autre arc de triomphe. Bien que l'on ait travaillé la nuit, à la lueur des torches et des feux, autour desquels les ouvriers venaient se réchauffer, tout n'était pas encore terminé au moment de l'arrivée et on n'eut pas le temps d'enlever les échafaudages.

La veille, les consuls s'étaient réunis, chez leur collègue d'Autriche, pour savoir quelle conduite tenir. Ils décidèrent d'arborer leur pavillon et de se rendre au palais en uniforme, mais de ne pas assister au *Te Deum*, ce qui serait contraire à la neutralité. Les correspondants de journaux, au nombre de quatre, ayant été informés que des places leur étaient réservées dans le corps diplomatique, décidèrent d'y aller en redingote, en mettant leurs rosettes à la boutonnière. Une grave question fut agitée, c'est celle de savoir s'ils s'affubleraient de l'odieux chapeau haute forme, dont ils étaient délivrés depuis plusieurs mois. A l'unanimité, ils décidèrent de garder le petit bonnet d'astrakan, la coiffure nationale du pays.

Le 27, à dix heures, je me trouvais à l'en-

trée de la ville, au moulin appartenant à un
français, M. Vaisse, et qui avait été pavoisé de
drapeaux français et bulgares. D'une fenêtre,
je voyais très bien. Au-dessous de moi la
route était bordée, de chaque côté par la
foule, dans les rangs de laquelle je vis M. Karaveloff. C'est l'homme le plus remarquable
de la Bulgarie. Il n'a rien de byzantin, c'est
un produit des écoles russes. Il a des ten-
dances révolutionnaires, comme la plupart de
ses anciens condisciples. Patriote ardent, il
voulait affranchir son pays du despotisme
moscovite, qui lui semblait redoutable. Le
président du Conseil se trouvant là comme
un simple mortel, avait mis un chapeau
haut de forme ; c'était le premier que je
voyais depuis trois mois. On assure qu'il avait
acheté six chemises en apprenant la victoire
de Slivnitza. En effet, il ne cherche pas à
briller par l'élégance, non plus que ses compatriotes, du reste. Ce n'est pas moi qui leur
ferai le reproche de préférer leur vêtement
national à l'horrible défroque des pays civi-

lisés. On m'a raconté que certains députés allaient aux soirées du prince en peau de mouton, et que la femme d'un ministre s'y montrait en jupon de calicot. Je les félicite de leur courage à lutter contre l'odieuse tyrannie de la mode occidentale. Mais je reviens à la cérémonie. La rue, qui aboutit à la route de Nich, étant en pente, la population qui se pressait sur les toits, aux fenêtres, dans les cours et sur les collines environnantes, offrait un coup d'œil assez pittoresque. A 5o mètres du moulin se dressait l'arc de triomphe, inachevé, sur lequel on lisait ces mots : *Aux vainqueurs.* Au pied, diverses sociétés avec leurs bannières, la municipalité, les dames avec des fleurs ; dans la foule on voyait briller, au soleil, le casque de M. Biegleben, le consul d'Autriche. Etant donné le rôle que son pays avait joué dans les événements, cet empressement parut d'assez mauvais goût, d'autant plus que les autres consuls avaient décidé d'attendre le prince au palais. Entre le moulin et l'arc de triomphe, coule une petite rivière complètement gelée alors. La glace ayant été brisée sur un point et s'étant accumulée de façon à former un barrage, l'eau se répandit sur la route, de sorte qu'une partie des spectateurs furent obligés de prendre un bain de pied, ce qui était fort désagréable, par 20 degrés de froid.

A onze heures, une batterie d'artillerie, placée à notre droite, lança quelques salves ; immédiatement après, je vis arriver le prince à cheval. Il portait une capote grise et une casquette à la mode allemande bleu foncé, surmontée d'un petit bouquet de laurier, avec bande rouge, sans broderies ni décorations. Alexandre avait mis des bottes, il ne portait pas la chaussure nationale qu'il avait un instant adoptée à Pirot et qui augmentait sa popularité, dans l'armée, où on l'appelait *tsaret tchourouck*. La première maison qu'il vit était celle où je me trouvais, son premier salut fut pour le drapeau français. Derrière lui, je ne vis qu'un faible état-major de cinq ou six officiers. Lorsqu'il approcha de l'arc

de triomphe, la foule qui l'entourait devint si
compacte qu'il lui fut impossible d'avancer.
On lui remit une immense couronne de lauriers, nouée par des rubans tricolores. Il la
plaça comme une écharpe. On lui mit également des bouquets sur sa selle. Tous ses
officiers en reçurent également. Pendant plusieurs minutes, il fut impossible au cortège
d'avancer. Ce n'est qu'avec beaucoup de
peine qu'il put gagner la cathédrale.

Pendant ce temps, je montais en traîneau
avec M. Fillon, de l'Agence Havas; nous
nous rendîmes au palais, en faisant un grand
tour pour éviter les rues où devait passer le
cortège et où la circulation était impossible. A
côté de la grille du palais, on avait élevé un arc
de triomphe avec des planches recouvertes
d'étoffes blanches sur lesquelles on lisait le
nom des victoires : *Slivnitza, Dragoman,
Tsaribrod, Pirot.* On y avait placé un buste
en plâtre, trop peu ressemblant, du prince
Alexandre, et on avait décoré le monument
avec des trophées d'armes serbes assez bien

arrangées. Au pied, se trouvait l'unique canon de bronze trouvé dans l'arsenal de Pirot.
On avait formé une barrière avec des fusils
serbes, afin de marquer la route que devaient
suivre les troupes, pour défiler parallèlement
à la grille du palais, après avoir passé sous
l'arc de triomphe. La première personne que
je vis fut l'aimable comte de Sonnaz, en
grand uniforme. Il me présenta la société
italienne qui se trouvait là au complet, avec
son drapeau et ses insignes. Il me dit :

— La seule ambulance qui ait rendu des
services réels et qui soit allée sur le champ de
bataille, c'est la nôtre. Ce sont ces braves
que vous voyez qui ont été prêts les premiers
parce qu'ils habitaient déjà le pays, où notre
colonie compte 200 personnes. Les ambulances autrichiennes, roumaines ou russes,
sont arrivées quand tout était fini.

Je vis ensuite l'aimable consul d'Allemagne,
M. de Salden, qui portait un magnifique costume de uhlan, avec des revers jaunes. C'est
le même régiment dont Alphonse XII était

colonel. A ce sujet, voici exactement ce qui s'est passé. On a présenté, au roi d'Espagne, quatre uniformes de couleurs différentes. Il a choisi le jaune, qui lui rappelait la cavalerie espagnole, dont l'uniforme est bien connu des Parisiens qui ont vu jouer *Carmen* à l'Opéra-Comique. On ne s'est nullement préoccupé de savoir si le régiment était en garnison à Strasbourg et on n'a pas songé à froisser la France. Je retrouvai ensuite le consul d'Autriche avec son beau casque en acier, à cimier doré. Son chancelier avait un bel uniforme de uhlan autrichien. A ce propos, je ferai remarquer que, dans les pays où tout le monde est soldat, les fonctionnaires et les diplomates n'ont pas d'autre costume que celui du corps auquel ils appartiennent. C'est à la fois plus économique, plus pittoresque et plus national.

M. Flesch, consul-général de France, en grand uniforme, m'a présenté à Madjid Pacha et à Chakir-Pacha en leur disant que j'étais plus turc que les Turcs. Madjid, le commissaire civil, portait une belle tunique à plastron brodé en or, et beaucoup de décorations. Il me dit qu'il connaissait bien mon nom, étant directeur de la presse à Constantinople et un peu mon confrère. Il s'excusa de n'avoir pu me recevoir le jour de son arrivée, parce qu'il était un peu souffrant. Madjid a été mon condisciple au Prytanée militaire de La Flèche. C'est un homme intelligent, fort honnête et très bienveillant. Il est de taille moyenne, porte une barbe noire, a une physionomie douce. Le général Chakir Pacha, qui a été attaché militaire à Paris, est également très distingué. C'est un grand bel homme, à moustaches courtes et à larges épaules, qui est bien le type de cette race extraordinaire dont la force est proverbiale. Il portait la nouvelle tenue de l'armée ottomane, bleu foncé. Le grade est indiqué par des épaulettes à gros grains et de petits galons placés en losange sur les parements de la manche. Il me dit qu'il y avait trois Chakir-Pacha, un qui est ambassadeur à

Saint-Pétersbourg, et qui commanda l'armée de Sofia, après Méhémet-Ali, en 1872, un autre qui a été gouverneur d'Orhanié, à la même époque. A propos de Madjid, on m'a raconté que, déjeunant à Pirot avec le prince et le général Topalovitch, oubliant que ce dernier était serbe, il fit un grand éloge des Bulgares, auxquels les Turcs, disait-il, avaient légué, en partant, leurs qualités militaires. Le prince le pria de dire aussi quelques paroles de consolation pour la malheureuse armée serbe. Nous causions en fumant des cigarettes. Nous étions debout sur un tapis trop étroit, que l'on avait étendu sur la neige.

M. Flesch me présenta également à M. Tsanof, ministre des affaires étrangères bulgares, ancien fonctionnaire turc à Routschouk, formé à l'école de Midhat-Pacha ; il a l'allure, le caractère et les qualités d'un fonctionnaire ottomann. Il ne lui manque qu'un fez.

Un peu avant midi, un peloton de cavaliers annonça l'arrivée du prince. Celui-ci

vint se placer au milieu des consuls en disant
en français:

— Je vous remercie d'être venus, en uniforme, ce qui est un honheur pour moi et
mon armée. Maintenant, je vais tâcher que
mon cheval reste tranquille.

Il serra la main à l'évêque catholique de
Philippopoli, souhaita le bonjour au colonel
anglais, Lomley qui se trouvait à côté de moi,
puis se plaça, le dos au palais, pour voir le défilé
des troupes. J'étais tout à côté du prince. J'ai
pu observer sa physionomie. Il possède une
belle tête, un nez aquilin, une barbe brune
taillée en pointe. Les yeux, un peu plus petits
que ceux des Orientaux, indiquaient seuls un
homme du Nord. Calme et simple, nullement grisé par le succès, il produisit une
excellente impression. Le prince est appa-
renté avec la famille Bozak-Hauké, en même
temps qu'à la reine d'Angleterre.

Lorsque le défilé fut commencé et que la
musique bulgare se mit à jouer la *Maritza*,
marche nationale, dont le rythme est assez

gai, le grand cheval rouge du prince ne put
rester immobile et il faillit écraser la Turquie
et l'Allemagne, dans la personne de leurs représentants. Le prince fut obligé de descendre, pour monter sur le cheval d'un de ses
officiers. Trois régiments d'infanterie passè-
rent successivement. Chaque fois le prince
les saluait à haute voix, à la mode russe,
comme je l'avais vu faire, par Todleben, à
San-Stefano. Les soldats avaient tous des
bouquets de lauriers dans le canon de leur
fusil. Ils portaient le bonnet d'astrakan, la
capote couleur de terre et des bottes.

Trois régiments d'infanterie seulement devaient défiler, mais deux régiments rouméliotes étaient venus, sans ordre, pour se joindre au
cortège. L'un d'eux n'ayant pas de musique
était précédé d'un peloton de chanteurs, ac-
compagnés par une musette champêtre qui
faisait sourire le prince et son état-major. Le
patriarche bulgare, à cheval, fut chaleureuse-
ment acclamé. Il se nomme Clément. C'est
un homme encore jeune qui porte une barbe

et de longs cheveux noirs. Il a des yeux très profonds et très ardents. L'escadron, qui sert d'escorte au prince, est aussi beau que les sotnias russes. Le costume est très élégant. Une casquette rouge, un dolman bleu soutaché de blanc, une culotte grise et de grandes bottes. Plusieurs batteries de canons Krupp défilèrent également. Les artilleurs rouméliotes se distinguent des autres à une petite flamme rouge pendant sur le côté du kalpak. Les officiers rouméliotes excitaient l'hilarité, par leur coiffure d'une hauteur démesurée. Ils portaient de véritables bonnets à poil qui semblaient provenir de notre vieille garde. Quand le défilé fut terminé, le prince descendit de cheval. Mais, en ce moment, on entendait la musique d'un autre régiment, qui n'ayant pu passer dans les rues qu'avaient suivies les autres, arrivait, par la grande rue du *Tcharchi* et qui défila à l'autre extrémité du palais. Le prince se rendit à pied de ce côté, puis il entra dans la cour du palais, au sommet duquel floitait le pavillon de la maison de Hesse: un lion héraldique, sur fond cramoisi. Les diplomates se formèrent en cercle. Madjid pacha complimenta, au nom de tous, le vainqueur de Slivnitza qui répondit quelques mots aimables, et se rendit à la grille du palais, du côté opposé à l'arc de triomphe, en face de l'hôtel Bulgarie, pour voir défiler la cavalerie, qui, suivant son habitude, était en retard. Le prince avait conservé sa couronne qu'il portait comme le grand cordon d'une décoration. Sa haute taille dépassait de beaucoup son entourage. Il avait tout à fait un grand air. La cavalerie a de beaux chevaux. Les hommes sont bien habillés. Ils ont des casquettes rouges, des capotes gris jaune et de grandes bottes. Tout était terminé vers deux heures. Le temps n'avait pas cessé d'être splendide. Pas un nuage, dans le ciel bleu, un soleil aveuglant, reflété par la neige et un froid de 21 degrés. Le soir, on illumina, au moyen d'une infinité de petites lanternes, le square qui est devant le palais. Quelques fusées furent même lancées. Les monuments étaient

éclairés par un procédé assez simple. Comme
toutes les maisons possèdent de doubles fenêtre, il suffisait de placer des bougies entre
les deux. On remarqua que le ministère de
la guerre était pavoisé de drapeaux russes
et bulgares.

Le soir, à l'*Union club*, on se communi-
quait les impressions de la journée et on était
convaincu que l'union était faite. Un médecin
militaire, grec d'origine, nous expliquait qu'en
bulgare *Slivinié* signifie union et *Slivnitza*
instrument d'union. La victoire de Slivnitza
avait rendu possible l'union de la Bulgarie
et de la Roumélie, union cimentée sur le
champ de bataille. Les Serbes, en voulant
l'empêcher, avaient rendu aux Bulgares les
mêmes services que Napoléon III aux Allemands, lorsqu'en 1870, il essaya de s'opposer
à l'unité de l'Allemagne. Un des amis du
prince raconta qu'on avait agité, devant lui, à
Pirot, la question d'embrasser l'islamisme,
de se mettre à la tête des musulmans pour
fonder un nouvel empire d'Orient et réfor-

mer l'islam, en séparant la partie purement dogmatique, si belle que le monde entier l'adopterait facilement, de la législation règlant la famille contrairement aux mœurs de l'Europe, et qui a été l'unique obstacle à la diffusion du monothéisme prêché par le Prophète. Si le prince Alexandre parlait le turc et l'arabe, il pourrait, disait-il, entraîner tous les musulmans à sa suite, comme Bonaparte aurait pu le faire en Egypte, de l'aveu des historiens musulmans eux-mêmes. Personne à ce moment ne se rappelait que la roche tarpéienne est bien près du Capitole.

X

PHILIPPOPOLI ET LA RÉVOLULION ROUMÉLIOTE

Enfin je ne verrai donc plus ces éternelles peaux de mouton ambulantes et je n'entendrai plus retentir à mes oreilles, le fatal *touka nima,* réponse négative que l'on adresse inexorablement à l'étranger qui demande quelque chose dans l'inhospitalière Bulgarie! Il n'est pas facile d'arriver à Sofia, mais il est presque impossible d'en sortir, lorsqu'on y est bloqué par la neige et le froid. Le Danube n'étant pas navigable, à cette saison où il charrie des glaçons, il ne fallait pas songer à reprendre la route de Lom-Palanka.

Du temps des Turcs, il y avait la poste des

Tatares, qui vous emmenait en un jour, avec des relais, de Sofia à Bazardjik, pour un prix modique. Je suis venu, de cette façon, pour 20 francs, en 1877. Aujourd'hui, on est obligé de traiter avec un cocher qui vous rançonne le plus qu'il peut. Ce n'est qu'après plusieurs jours de négocations que j'en ai trouvé un qui consentait, moyennant 100 francs, à me mener à Philippopoli, dans une voiture découverte, attelée à quatre chevaux de front. On assurait qu'il n'y avait plus de neige au-delà des Balkans et que, pour cette raison, il ne fallait pas songer à prendre un traîneau.

Je suis parti par 21 degrés de froid. J'avais les jambes dans des bottes en feutre, épaisses d'un centimètre et qu'enveloppait une couverture du pays de 25 centimètres d'épaisseur. J'avais relevé le collet de ma pelisse et je l'avais assujetti, ainsi que mon bonnet d'astrakan, au moyen d'un *bachelik*, capuchon en usage dans l'armée russe. Malgré cela, je souffrais horriblement. Je me suis souvent demandé pourquoi, dans les pays froids, on n'employait jamais de voitures fermées. On m'a expliqué qu'elles sont trop lourdes et qu'elles ne modifient pas sensiblement la température, lorsque celle-ci a subi un abaissement aussi considérable, D'ailleurs, on es obligé de se couvrir tellement que l'on étoufferait.

Il est heureux que la Bulgarie ait été administrée par Midhat-Pacha, qui a fait faire des routes relativement bonnes. Avec leur avarice, les Bulgares, qui ne veulent rien emprunter à l'étranger, n'en auraient jamais fait. Depuis sept ans, ils n'ont pas travaillé au chemin de fer qui était presque terminé au temps des Turcs. On n'a construit que des casernes et quelques écoles. Le seul changement notable que l'on puisse constater, en Bulrie, c'est le militarisme, introduit par les Russes qui ont fait l'éducation des recrues à coups de bâton. On rencontre sur les routes les mêmes chariots et traîneaux à buffles, que l'on voyait en 1877. Les Bulgares, qui les conduisent, ont les mêmes peaux de mouton luisantes de crasse qu'à cette époque. Il n'y aurait absolument rien de changé si l'on n'apercevait de longues files de soldats, rentrant isolément dans leurs foyers, avec une branche de laurier dans leurs canons de fusil. Ces triomphateurs avaient, pour moi, le tort immense d'envahir les auberges et d'engloutir les provisions de bouche.

Lorsque j'arrivai à Ichtiman, la ville était déjà remplie de soldats et je ne pus trouver à me loger nulle part. Après bien des recherches, j'ai découvert un *han* turc, où il y avait une écurie pour les chevaux. Heureusement je fis la connaissance d'un médecin grec, au service bulgare, qui me fit partager son modeste dîner, consistant en une soupe turque et un plat de haricots. Il me fit donner également une petite chambre réservée pour un officier rouméliote. Celui-ci était arrivé de Sofia, avec une couronne de lauriers à la poignée de son sabre, et il avait rencontré un ingénieur italien qui lui offrait l'hospitalité, de sorte que j'ai pu prendre sa place.

Il y avait en ce moment, en Roumélie, une vingtaine d'ingénieurs français travaillant au chemin de fer rouméliote, pour le compte de l'entrepreneur Vitali, que soutenait le Comptoir d'escompte. La ligne devait être terminée pour le mois d'octobre jusqu'à Vakarel. Mais si l'union des deux provinces a lieu, il est à craindre que les contracts ne soient modifiés.

Les Bulgares ne veulent rien devoir aux étrangers. Ils ont constitué une société de trente personnes, sans capitaux, dont le cautionnement est fait avec des immeubles et qui avaient la prétention de faire avec cela le chemin de fer.

Le lendemain, bien avant le jour, j'étais en route. Jusqu'à dix heures du matin, on ne cessa de gravir les pentes du Khodja Balkan, en longeant des précipices. Au sommet de la passe, je ne vis que les ruines d'un village tcherkess et d'une caserne turque, qui ont disparu, comme l'ancienne porte de Trajan, que l'on voyait encore il y a quelques années. Lorsqu'on descendit sur l'autre versant je fus

frappé de voir que la neige avait presque complètement fondu. Je rencontrai des troupeaux de ces chèvres dont la dent terrible a
déboisé la Grèce et la Roumélie, en broutant
les jeunes pousses d'arbres. Au pied des Balkans, sur le versant méridional, protégé contre le vent du nord, la température est beaucoup plus douce, c'est ce qui explique l'existence de la fameuse vallée des roses dans le
bassin supérieur de la Toundja, où il fait
moins froid qu'à Philippopoli, qui est plus au
sud.

Je ne trouvai pas de neige à Vietrema,
tandis que je voyais à droite, le beau massif
du Rhodope d'une blancheur éblouissante.
A mesure que j'avançais dans la plaine en
m'éloignant des Balkans, la neige reparais-
sait. A Tatar-Bazardjik, elle fondait par un
beau soleil. Dans cette ville où j'arrivai à
deux heures, j'éprouvai une réelle satisfaction,
en apercevant des turbans blancs et des vêtements de drap aux couleurs vives. Cela reposait ma vue, fatiguée par les éternelles peaux

de mouton. Les mosquées, avec leurs minarets élancés, réjouissent les yeux et l'esprit.
On se trouve en contact avec des gens ayant
un idéal et des aspirations plus élevées que
les Bulgares, absorbés par des préoccupations
matérielles et qui detachent rarement leurs
regards du sol qui les nourrit.

Sur la route de Philippopoli, j'ai rencontré
une compagnie de prisonniers serbes qui re-
tournait à Sofia. La plaine est couverte de *tu-
muli* élevés, à toutes les époques, en l'honneur des guerriers morts sur ce vaste champ
de bataille que tant de races se sont disputé.
Plusieurs de ces tertres ont été fouillés ; quelques-uns remontent aux temps préhistoriques,
il y en a de l'époque romaine ; des Gau-
lois sont enterrés sous plusieurs de ces mon-
ticules ; on en a même elevé un en l'honneur
des morts de la dernière guerre turco-russe,
mais on l'a surmonté de deux pierres funéraires.

Il faisait nuit quand j'arrivai à Philippopoli. La première chose qui me frappa fut les

immenses casernes construites du côté de la
Maritza, que l'on traverse au moyen d'un
grand pont établi, par les Russes, sur les piles
de l'ancien pont turc, coupé au moment de la
guerre. La ville a peu changé depuis 1878.
On connaît sa situation, au pied de trois collines, qui de loin ressemblent à des pyramides
élevées au milieu de la plaine. Les Bulgares
ont donné le nom de *Plovdiv*, qui signifie hauteur, au *Trimontium* des Romains. *Filibé*,
comme l'appellent les Turcs, a une population de 24,053 habitants. Le monument le
plus remarquable est la mosquée Djoumaïa.

En 1881, il y a eu une légère secousse de
tremblement de terre, qui a lézardé le minaret d'une jolie petite mosquée, nommée *Do-
mouz-Djami*, parce qu'un porc y est entré.
On a abattu le minaret pour calmer les in-
quiétudes, feintes ou réelles, de la population.
C'est peut-être le changement le plus considérable opéré dans la capitale de la Roumélie orientale.

On m'a également montré, du côté du

cimetière turc, une série de maisons, avec
des lanternes multicolores imitées de l'Occident. On prétend que, dans l'une d'elles, on a
recueilli une jeune et belle fille turque, restée
orpheline après la guerre. C'est une des
grandes curiosités de Philippopoli, car le fait
est unique dans la Turquie d'Europe, où il est
impossible de citer une seule musulmane exer-
çant la profession que les Rouméliotes ont en-
seignée et imposée à leur enfant d'adoption.

Les Rouméliotes, quoique bulgarophobes,
ne sont pas de la même race que les Bulgares ;
ils ont plus de qualités et plus de défauts.
Entre ces méridionaux et les habitants du
Nord des Balkans, il y a la même différence
qu'entre un Gascon et un Breton. Les Rouméliotes ont du sang latin, grec et turc.
Ils ont la physionomie plus vive, l'élo-
cution plus facile. Ils sont gais et même
assez farceurs. Les soldats se livrent à
des danses, des chants, et aussi à des
libations inconnues au Bulgares. Les officiers, pour se distinguer, s'affublent de

bonnets à poils qui rappellent ceux de l'ancienne cavalerie française.

Les municipalités, habituées à exploiter les populations, au temps des Turcs, en prétextant qu'elles agissaient au nom du gouvernement, ont été la plaie de ce pays. Sans respect pour la propriété, elles ont persécuté les musulmans, uniquement pour leur prendre leurs biens et elles ont ainsi causé leur propre ruine, car il n'y a plus personne pour cultiver ces terres, qui ne rapportent rien et sont cependant soumises aux mêmes impôts que les autres.

Au point de vue purement administratif, l'union avec la Bulgarie serait peut-être un bienfait, parce que le statut organique, élaboré par la diplomatie, est beaucoup trop compliqué pour des gens habitués à la simplicité turque. Les intérêts des musulmans seraient mieux protégés par l'application de la Constitution bulgare qui accorde un représentant par 10,000 habitants, tandis qu'en Roumélie les circonscriptions électorales ont été délimitées, d'après les procédés bonapartistes, par un Croate, nommé Péretz, qui m'a lui-même expliqué le mécanisme ingénieux, au moyen duquel il est arrivé à noyer la population musulmane et à lui donner un nombre dérisoire de représentants.

Le recensement de 1881 a donné pour la Roumélie orientale un total de 815,946 habitants dont 573,560 Bulgares, 174,700 Turcs, 42,654 Grecs, 19,549 Tziganes, 1306 Arméniens et 4,177 Israélites. Comme toutes ces minorités ont des intérêts communs et forment un total de 242,386, si elles avaient une représentation proportionnelle, elles constitueraient une opposition s'élevant au tiers des membres de l'assemblée; or les Bulgares sont divisés en conservateurs et libéraux, la minorité serait donc l'arbitre de la situation.

Le prince Alexandre a pu se maintenir en Bulgarie, pendant huit ans, en s'appuyant constamment sur les musulmans qui voyaient en lui un protecteur et ne partageaient pas l'ambition ni l'égoïsme d'une poignée de politiciens, qui parodient l'Occident en introduisant, dans leur pays, la subdivision des partis. Un avocat, qui est en même temps officier d'artillerie, m'a expliqué, devant un ancien ministre bulgare qui ne l'a pas contredit, comment se font les élections, dans les communes tziganes. Le candidat le plus riche les héberge pendant trois jours, les grise constamment et leur fait envahir la salle du scrutin avant l'heure. Ils avancent la pendule, s'emparent du bureau, sortent de leur manche autant de bulletins qu'il est nécessaire pour enlever l'élection, et ils repoussent à coups de bâton les indiscrets qui veulent voir ce qui se passe. Le docteur Stransky, l'un des auteurs de la révolution rouméliote, vivait retiré à Philippopoli. Comme il n'est pas très modeste, il se comparait à Mazzini qui, après avoir tant contribué à l'unité de l'Italie, ne fut jamais ministre de Victor-Emmanuel.

Les causes de la révolution rouméliote ne

furent pas immédiatement connues en Occident. Au début, on était porté à y voir la main de la Russie, tandis que c'est le contraire qui est vrai. Ces événements, qui ont surpris tous les gouvernements, accusent l'imprévoyance de la diplomatie. Le Congrès de Berlin avait voulu faire de la Roumélie une province turque et donner à la Turquie sa frontière naturelle, la chaîne des Balkans. Or, dès le commencement, l'esprit du traité de Berlin a été violé. On n'a pas autorisé la Turquie à occuper les Balkans. On lui a imposé le choix d'Aleko-Pacha qui, en 1877, étant ambassadeur à Vienne, avait trahi son gouvernement et dans lequel on ne pouvait avoir confiance. Les rédacteurs du statut organique ont travaillé afin de faire de la Roumélie une province bulgare pour ne pas dire russe. Au lieu de constater que le système d'administration turque est en théorie le meilleur qu'on puisse imaginer pour ces contrées, ainsi que les Bulgares le reconnaissent eux-mêmes, on a voulu introduire en Roumélie

11.

une administration coûteuse et compliquée,
imitée de l'Occident. Il aurait suffi de modifier légèrement l'organisation turque, ainsi
que l'ont fait les Bulgares, afin d'assurer le
contrôle au moyen de la représentation sincère de tous les habitants, sans distinction de
race ni de religion. La première faute a été
commise par la diplomatie. On eut la faiblesse de laisser abattre le pavillon ottoman,
de sorte que la Roumélie orientale n'avait
pas de drapeau. Le fez fut proscrit comme
emblême de la domination ottomane.

Les Rouméliotes ont voulu se payer le luxe
de posséder, comme les Occidentaux, un parti
conservateur et un parti libéral. En réalité,
c'étaient simplement deux coteries qui voulaient le pouvoir pour lui-même et qui toutes
deux cherchaient à exploiter la même idée, celle
de l'union bulgare, mais par des procédés différents. Les premiers, qui s'appelaient *unio-
nistes*, songeaient à s'appuyer sur la Russie,
mais comme ils savaient que le prince Alexandre était mal vu à Saint-Pétersbourg, ils

avaient adopté le prince de Valdemar comme candidat. Le second parti, qualifié de libéral et qui, dans les dernier temps, s'appela occasionniste, voulait suivre une politique émancipée de toute influence étrangère. Son candidat était Aleko-Pacha. Cet homme qui, au début, était une créature de la Russie, n'avait pas tardé à agir pour son propre compte. On fabriqua pour ce prince Vogoridès une généalogie, afin de prouver qu'il descendait des anciens rois bulgares. Son parti comprenait Stranski, Karaveloff, Panitza, Stoïanoff, Rizoff et autres. Leurs principaux journaux étaient la *Susdam Bulgaria*, (la Bulgarie du Sud, et la *Borda* (la lutte). Ce dernier attaquait avec violence la Russie et les conservateurs qui étaient alors au pouvoir.

Le gouverneur-général qui avait succédé à Aleko, Gabril-Pacha Cristovich, était l'humble serviteur du consul-général de Russie. Pendant un voyage qu'il fit à Constantinople, le mécontentement, fomenté par la *Borda*, s'accentua dans le pays. A son retour, le

13 septembre, on signala de graves symptô-
mes d'agitation. Le 16, Cristovitch, allant
remercier les consuls d'avoir assisté à sa réception, leur déclara qu'il n'avait aucune in-
quiétude ; le lendemain on apprit que Golemo-Konare, bourgade importante, se met-
tait en insurrection et, dans les campagnes,
on signalait des bandes de paysans ameutées
par le parti libéral aux cris de : Plus d'impôts ! A bas le gouvernement ! Vive l'Union!

Les membres du gouvernement conservateur se rendirent, en apprenant cette nouvelle, chez le consul de Russie et lui dirent :

« Nos adversaires vont devenir maîtres du
pays ; ils nous ont ôté toute popularité, en
adoptant, eux aussi, un cri de guerre unioniste. Or, nous, le parti unioniste, nous sommes perdus si l'on fait cette union sans nous
et contre nous. Laissons de côté la compéti-
tion d'Aleko et de Valdemar. Proclamons
l'union, afin de prévenir nos adversaires. »

Mais le consul russe Ighilstone et son attaché militaire, Cicciakoff, persuadés par le

gouverneur Cristovitch qu'il n'y avait rien de
sérieux dans l'agitation révolutionnaire, som-
mèrent les membres du gouvernement de ne
pas bouger, et on les menaça de l'abandon de
la Russie :

— « N'ayez pas peur, nous ferons l'union
quand le tsar verra le moment favorable. Vos
adversaires ne feront rien. Nous saurons les
en empêcher. »

Les conservateurs ne bougèrent pas, ne
proclamèrent pas l'union et jouèrent un rôle
passif à l'égard de l'insurrection.

Le général Drugalski, commandant en chef
de la milice, homme âgé, sans énergie et sans
valeur, dont le choix avait, sans doute, été imposé à la Porte, ordonna à la cavalerie de marcher sur Golemo-Konare. Nicolaïeff, auquel
cet ordre avait été donné, ne l'exécuta pas,
sous différents prétextes. Drugalski, loin de
s'émouvoir de cette désobéissance, va tranquillement se coucher. A minuit, Nicolaïeff
court à la caserne, rassemble les troupes et
proclame l'union au nom du prince Alexan-

dre. A une heure du matin, l'attaché militaire russe, Cicciakoff, informé de ce qui se passe, court chez Drugalski. Celui-ci ne sait que faire ni quel ordre donner et reste couché dans son lit. Cicciakoff va à la caserne d'artillerie. Les pièces n'y étaient plus. Il va prévenir le gouverneur et en route rencontre Nicolaïeff qui, à la tête des troupes, se rendait également au *conaq*. Il arrête la colonne, harangue les soldats, en les exhortant à renoncer à leurs projets et les menaçant des représailles de la Russie. Nicolaïeff l'interrompit, en lui disant :

— Colonel Cicciakoff, allez commander vos soldats en Russie. Ici, ce sont les miens.

Et la colonne continua sa marche. A trois heures et demie, les paysans de Golemo-Konare, appelés par les pelotons chargés de les réduire à l'obéissance, viennent en ville au nombre de 2,000. Ils s'unissent aux troupes de Nicolaïeff. Tout le monde crie : Vive l'Union ! On cerne le palais du gouverneur. A quatre heures du matin, les insurgés entrent

chez Cristovitch. La maîtresse d'école de Golemo-Konare, habillée en héroïne bulgare,
somme Cristovitch d'obéir au peuple. Gabril
Cristovitch, qui était couché, se frotte les yeux
en voyant cette irruption dans sa chambre, et
se déclare prêt à obéir. Pendant ce temps, un
capitaine insurgé alla chez Drugalski et le déclara en état d'arrestation. Drugalski, après
avoir reçu cette notification, continua à dormir.

A cinq heures, on habille Cristovitch, on le
fait sortir et on le met dans une voiture, ayant
à ses côtés la fameuse Nedelia Stanova, sur-
nommée la Kraïna des *Opalchinski*, (la reine
des volontaires). Elle avait un sabre à la
main.

Le fiancé de cette femme, un paysan que
l'on a appelé pendant quelques jours Excel-
lence, monte à côté du cocher. Ces deux personnages, un peu ridicules et compromet-
tants, ont été exilés depuis et ils se trouvent
actuellement en territoire turc, du côté de
Mustapha-Pacha.

On conduisit le gouverneur dans tous les consulats, pour lui faire déclarer qu'il se soumettait à la volonté du peuple. On finit par le consigner ironiquement auprès de son protecteur, le consul russe, qui ferma ses portes et refusa de le recevoir. On l'envoya alors prisonnier à Golemo-Konare. Le matin du 18, on proclama le nouveau gouvernement présidé par Stranski, ancien pharmacien qui, plusieurs fois, avait sollicité d'Aleko-Pacha l'emploi de directeur.

Cecciakoff va chez les consuls, pour les inviter à une action commune et à une protestation contre le nouvel ordre de choses. Personne ne bouge. Il se ravise alors et va se mettre à la disposition du nouveau gouvernement. On assure que c'est lui qui a conseillé de faire sauter les ponts du chemin de fer, d'arrêter les trains d'Andrinople et de couper le télégraphe à Hébibje. On télégraphia au prince Alexandre qui, à ce moment, se trouvait à Choumla et qui réclama l'envoi d'une délégation. On lui adressa une commission choisie dans les deux partis.

Dans la matinée du 18, le général Borcoith, anglais au service turc, qui commandait la gendarmerie à Philippopoli, ignorant ce qui s'était passé dans la nuit, allait tranquillement à son bureau. En route il apprit le succès de la Révolution. Mais on faisait si peu cas de lui qu'on le laissa se promener en uniforme, sans même lui retirer son sabre. Le chef d'état-major, le baron de Toustain-Dumanoir, ancien officier français, ne joua aucun rôle et ne fut pas inquiété. Il n'était pas détesté, mais ne jouissait d'aucune considération, à cause de son ignorance de la langue bulgare. Il était encore à Pilippopoli quand j'y passai. Drugalski, ne mourut pas de honte; il réclama au gouvernement bulgare son arriéré de solde. Il se fit également payer à Constantinople, où il est retourné.

La Révolution se fit sans effusion de sang. Un seul épisode causa un peu d'émotion, c'est celui de Teodoroff, capitaine, directeur

des postes et adversaire acharné des libéraux.
Le capitaine Reichoff, chargé de l'arrêter,
l'aborda à la brasserie Venetti. En voyant
l'ordre d'arrestation, Teodoroff déchargea
son revolver sur Reichoff et le tua. Puis il
chercha, pour le tuer, Stranski, lequel se
trouvait aussi dans la brasserie, mais réussit
à se cacher. Teodoroff sortit, alla au café
Caramano et s'y enferma. Cerné par les
soldats, il fit feu tant qu'il eut des munitions.
Puis, il envoya en parlementaire, un garçon
de café, en se déclarant prêt à se rendre. Ce
pauvre diable fut accueilli par une fusillade
qui le blessa. Les soldats entrèrent ensuite
dans le café, tuèrent Teodoroff à coups de
baïonnettes et traînèrent son corps par toute
la ville.

La Révolution du 18 septembre ne rallia
que momentanément les deux partis. Quelques jours après, les représailles commen-
cèrent et presque tous les conservateurs
furent internés à Plewna ou dans le Rhodope.
On humilia les hommes du gouvernement

déchu au point que d'anciens ministres comme Veliskoff, Iesoff, Stamlouloff, traînèrent, à la gare, des sacs de farine, en recevant les coups de cravache que leur administraient leurs anciens adversaires, devenus leurs maîtres. Ces événements ne furent connus à Constantinople que le 20 septembre. On était à l'époque du Baïram et aucune résolution ne fut prise. Le sultan fut informé par un diplomate grec. Il n'y avait pas de troupes disponibles à Andrinople. Les ministres proposèrent de faire partir les 15,000 hommes qui veillent sur la personne du sultan et ils furent destitués pour cela. La première chose que firent les délégués du gouvernement bulgare, pour rendre l'union nécessaire, fut de transporter à Sofia les archives administratives et judiciaires. Des chariots furent chargés de documents précieux, dont une grande partie se perdirent en route, au grand préjudice des intéressés. Comme corollaire de ce qui précède, j'ajouterai que le *Journal Officiel* a publié un décret, accordant au Dr *Stransky* une indemnité de 1,700 francs pour le temps de son commissariat après le coup d'Etat du 18 septembre. Le Dr Stransky est, du reste, la seule personne qui se soit fait récompenser pécuniairement de son travail pour l'« Union ». Aussi le décret en question produisit-il une singulière impression sur les « patriotes bulgares. »

XI

LA FRONTIÈRE ROUMÉLIOTE. — LA RÉPUBLIQUE DES POMAKS.

Je suis resté peu de temps à Philippopoli parce que j'ai voulu profiter du départ d'un train. Or, il n'y en avait que tous les trois jours. En Roumélie, les locomotives marchent avec une lenteur désespérante et il faut une journée pour aller jusqu'à Tirnova-Semenly. Il faisait encore jour quand j'arrivai, et j'ai voulu utiliser une drésine d'ingénieurs, pour pousser jusqu'à la frontière. Mais les deux hommes, qui faisaient mouvoir cette espèce de vélocipède, étaient obligés, à chaque instant, de descendre pour enlever la neige qui couvrait les rails.

N'ayant pas réussi à faire plus de deux kilomètres, en une heure, je suis revenu à la station de Tirnova-Semenly, dont le chef a eu la bonté de me faire coucher dans la salle d'attente. Sans lui, je n'aurais pas trouvé à me loger. Ce brave homme est un Français, M. Didelot ancien officier de lanciers, qui a épousé une Arménienne et parle parfaitement le turc. Ses cinq enfants charmants s'expriment avec plus d'assurance en turc qu'en français.

Le lendemain, 1er janvier, je trouvai avec beaucoup de peine une charrette à un seul cheval, qui ne put pas me mener plus loin qu'Hermanli. Cette petite ville turque possède un beau pont en pierres de taille et à dos d'âne, comme ceux que construisaient les Osmanlis, au temps de leur grandeur. J'ai remarqué également une mosquée, un bain turc très propre, et les ruines d'un conaq de proportions grandioses. Les Bulgares n'ont rien construit jusqu'à présent. Dans une caserne, j'ai vu des recrues qui faisaient l'exercice. Un sous-officier, pour leur apprendre à discerner leur gauche de leur droite, leur appliquait, avant de leur faire le commandement, un coup sur la joue au moyen d'une palette spéciale.

Je m'étais joint à une caravane composée de quatre Italiens, un Grec et un Polonais, protégé français, né à Constantinople. Nous n'avons trouvé que des aliments exécrables; mais l'un de nous s'est dévoué pour faire un peu de cuisine. Malheureusement, le pain bulgare est un mélange de terre et de seigle qui déchire l'estomac comme si on avalait du verre pilé.

Le lendemain, nous nous sommes mis en route en empruntant une voiture de l'espèce nommée *talika* dans le pays et dont le cocher avait eu les mains gelées, la veille, en tenant les rênes de son cheval. Nous avon conduit nous-mêmes. Mais nous fûmes obligés de nous arrêter à Hébibjeh, où les Bulgares ont établi une petite garnison de quelques centaines d'hommes. L'officier qui la commandait ne permettait pas aux voyageurs de continuer leur route, s'ils n'étaient pas munis d'une permission de l'autorité militatre de Philippopoli. J'avais une autorisation du ministre de la guerre, pour suivre les opérations et visiter les positions, mais on avait omis de mentionner le mot *granitza* qui signifie frontière L'officier, zélé et formaliste, ne voulut pas me laisser aller plus loin. Mes compagnons de route purent continuer, le lendemain matin, mais je fus obligé de rester dans ce village pendant vingt-quatre heures.

Heureusement le télégraphe n'était pas encore coupé; j'ai pu envoyer une dépêche à M. Boysset, consul de France à Philippopoli, et le commandant de cette ville télégraphia l'ordre de me laisser passer. Le *handji* grec, qui me faisait payer plus cher que dans un grand hôtel, me fit coucher deux nuits par terre et ne me donna que des œufs gelés, qu'il était impossible de manger. Chaque fois que je lui demandais quelque chose, il me répondait négativement. A la fois aubergiste, épicier et cabaretier, il se plaignait des gendarmes qui consommaient à crédit et qui avaient dévalisé son magasin sans payer. C'est pour cette raison, disait-il naïvement, qu'il était obligé de m'écorcher. Heureusement, les Turcs sont très nombreux dans ce village. Leurs femmes ont même une beauté introuvable en Bulgarie. Un jeune Turc me vendit un coq et je pus le faire cuire.

Le lendemain, vers midi, arriva par un train spécial, Gadban-Effendi qui partit au moyen d'un phaéton que Mustapha-Bey lui avait amené d'Hasskeui. Le commissaire des vakoufs, dont j'ai déjà eu occasion de parler, a eu le nez dévoré par le bouton d'Alep, et il porte un nez en carton, tenu par des lunettes, assez bien réussi. Il me dit qu'on l'appelait à Stamboul pour donner des renseignements sur la contrée qu'il connaissait. Il était escorté par quatre gendarmes et un officier bulgare à cheval. Avant de partir, le commandant fit rédiger ma permission.

Mais je ne pus trouver de voiture. En parcourant le village, j'en aperçus une devant la mairie; le maire me dit qu'il me la prêterait si je pouvais trouver un cheval. J'en découvris un, mais le propriétaire assura qu'il était malade.

Je m'adressai finalement à un Turc qui, au moyen d'un chariot à bœufs, consentit à me conduire en trois heures à Mustapha-Pacha. Mais il y eut alors une nouvelle difficulté à vaincre. Il fallait obtenir du commandant une permission spéciale, pour le chariot, les bœufs et le conducteur. Celui-ci dut donner un ôtage afin de garantir son retour. Toutes ces formalités puériles sont inexplicables. On dirait que ces officiers jouent au soldat et sont tellement heureux d'avoir un sabre, qu'ils ne savent quoi imaginer pour manifester leur parcelle d'autorité. Il semble aussi que les Bulgares, qui laissent facilement pénétrer chez eux, éprouvent un certain chagrin en voyant échapper ceux qu'ils considèrent comme une proie.

Le 4 janvier, à cinq heures, j'étais en route. Il m'était impossible de partir à pied, parce que si peu de bagages que l'on ait, il faut au moins avoir une valise et puis, dans l'obscurité, je ne pouvais découvrir le chemin. Une heure et demie après mon départ, à l'aube, je me trouvais au pied d'une colline où une compagnie de miliciens était installée dans des gourbis. Un officier vint, avec une lanterne, examiner ma permission, épela minutieusement chaque mot, puis me fit accompagner par un soldat jusqu'à un poste établi à deux kilomètres plus loin. De là, un gendarme à cheval me conduisit jusqu'à deux guérites en osier, où se trouvaient des factionnaires turcs. Un caporal vint causer un instant avec nous, le gendarme lui donna un peu de tabac qu'il noua dans son mouchoir, puis il me dit d'attendre qu'il ait prévenu l'officier. Il revint une demi-heure après. Le soleil se levait en ce moment. Nous continuâmes à marcher jusqu'au gourbi où se trouvait le poste turc. Je rencontrai un capitaine qui se contenta de me demander de quelle nationalité j'étais. Sur ma réponse que j'étais Français, il s'éloigna en me disant : *Pek allah !*

Ayant remarqué l'arrivée d'un train, je me rendis à la station qui est tout près de la frontière. Là je fus accueilli, avec beaucoup d'empressement, par deux commandants, dont l'un parlait français. Ils me firent entrer dans la salle d'attente où ils avaient élu domicile, m'offrirent du café et des cigarettes. On leur avait dit que j'étais Français, et ils n'en demandèrent pas davantage. Pourtant, je crus utile de leur montrer une recommandation que, par une faveur exceptionnelle, les deux commissaires ottomans, Madjid-Pacha et Chakir-Pacha, avaient bien voulu me donner à Sofia.

Les officiers turcs, plus hospitaliers et plus intelligents que les Bulgares, n'éprouvent pas la nécessité de tracasser inutilement les voyageurs. Un des *bin bachi* m'a dit : « Nous sommes très heureux quand des étrangers viennent causer avec nous, car ici nous sommes sans nouvelles du reste du monde, et privés de société. » Cet officier paraissait croire à une guerre générale pour le printemps.

Le train militaire qui avait amené des approvisionnements devait repartir, à deux heures, pour Andrinople. On voulut bien m'autoriser à le prendre, et j'eus tout le temps nécessaire pour visiter la ville, qui est à une heure de la gare. Tout le long de la route, je rencontrai des soldats conduisant des charrettes chargées de vivres et de vêtements. Ils étaient tous très gais, par suite de l'arrivée de ces approvisionnements et aussi parce que le soleil, longtemps invisible, se montrait depuis le matin. Beaucoup d'entre eux étaient campés dans de grands gourbis. La ville était remplie de soldats, qui avaient une allure superbe. Malheureusement leur tenue laissait à désirer. J'ai remarqué bien des capotes trop courtes et mal cousues. En cherchant bien, on trouverait que la faute est imputable à quelque fournisseur étranger, qui gagne des

12.

millions en rognant les capotes, comme les juifs s'enrichissent en limant des ducats.

Le commandant du corps d'armée de la frontière était un général de division, nommé Méhémet-Pacha, Circassien, ayant servi autrefois dans l'armée russe et portant encore une médaille moscovite ; grand buveur, comme ses anciens compagnons d'armes, brave, gai et hospitalier ; mais son fournisseur principal, un israélite italien ne dissimulait pas que sa fortune serait faite après la campagne. Il y avait un autre général, à Mustapha-Pacha, nommé Méhémet-Ali, Bosniaque extrêmement brave et grand seigneur ; il était d'une famille aristocratique et dépensait magnifiquement une grande fortune.

La ville de Mustapha-Pacha contient 12,000 habitants. Elle possède un beau pont, de style turc, et une mosquée assez jolie. Les Bulgares y sont très nombreux ; ils portent le turban et il est difficile de les reconnaître de loin. Mais quand on examine leur physionomie, on ne se trompe pas. Ils sont

plus laids que les Turcs et ils n'ont pas la même
franchise dans le regard. Quand je fus revenu
à la station, l'excellent commandant de la
frontière, Méhémet-Effendi, m'offrit une tasse
de thé, fit porter mes bagages dans un wagon par son ordonnance qui refusa, avec
fierté, toute rémunération. Le train s'arrêta
plusieurs fois, pour prendre des chargements
de bois. L'armée en consommait chaque jour
100,000 kilogrammes qui venaient entièrement de Mustapha-Pacha.

En allant d'Hermanli à Mustapha-Pacha,
je suis passé auprès du district de Kirjiali,
rétrocédé à la Turquie par suite d'un accord conclu avec la Bulgarie, qui a replacé
sous l'autorité nominale du Sultan certaines
populations musulmanes du Rhodope. Sans
être une frontière naturelle comparable aux
Balkans, le massif du Rhodope permet à
l'armée qui l'occupe de menacer le flanc
droit d'une invasion pénétrant par le bassin
de le Maritza. C'est dans ces montagnes que
les Pomaks ont arrêté les Russes en 1878.

Toutefois, le gouvernement ottoman ne peut considérer cette concession comme une compensation suffisante, car les Pomaks sont, en réalité, absolument indépendants. Ils occupent dix-huit villages aux environs de Sténimaka et de Tatar-Bazardjik où ils sont 16,000. Dans le district de Kirdjali, qui s'étend à 3o kilomètres d'Hasskeui, ils possèdent quarante villages peuplés de 25,000 musulmans. Cette contrée est fertile en coton et en tabac ; il n'y a pas un village bulgare.

Le traité de Berlin avait englobé les Pomaks dans la Roumélie orientale. Mais ils ne se sont jamais soumis aux autorités de Philippopoli. En 1878, ils s'étaient volontairement placés sous le commandement du Polonais Saint-Clair, mais pour la durée de la guerre seulement. Ils ont conservé un bon souvenir de ce personnage, qui se faisait appeler Hidayet-Pacha. Lorsque les Turcs ont voulu y envoyer un caïmacan, on a comblé ce dernier de cadeaux pour le sultan, et on l'a prié de s'éloigner en lui disant :

— Nous vénérons le padischah comme ka-
life, chef de notre religion. Nous combattrons
sous ses ordres chaque fois qu'il sera attaqué,
mais si un fonctionnaire revient chez nous
avec la prétention d'y prélever des impôts,
nous lui couperons les oreilles.

Quoique musulmans, les Pomaks vénèrent
la Vierge. Ils parlent le slave et on a même
prétendu qu'ils étaient d'origine polonaise.
Leur chef s'appelle Abdullah Agha. L'ordre
le plus parfait règne à l'intérieur de cette petite république dont les habitants ont de bonnes relations commerciales avec leurs voisins.
Mais ils ne veulent pas plus des autorités
bulgares que des fonctionnaires turcs.

Ils ont un fondé de pouvoir à Philippopoli
et ils traitent certaines affaires avec la succursale de la Banque ottomane. Lorsqu'un étranger désire visiter leur pays, il doit en demander la permission, par l'intermédiaire de leur
représentant. Quand on a reçu une réponse
favorable, il est nécessaire d'emporter des
cadeaux pour une valeur de 250 francs à peu

près; ils sont surtout satisfaits quand on ap-
porte de très beau blé et d'excellent cognac;
quelques foulards et objets de toilette à l'usage
des femmes sont indispensables. En remplis-
sant toutes ces conditions, on peut espérer
une sécurité parfaite.

Ce pays est aussi facile à défendre que le
Montenegro. Si on voulait entreprendre sa
soumission, il faudrait y envoyer au moins
30,000 hommes et on ne serait pas certain de
pouvoir les ravitailler. D'ailleurs de tels sacrifices seraient absolument inutiles, d'autant
plus qu'on a renoncé à l'occupation de la
Roumélie qui eût été moins coûteuse et moins
périlleuse. Les Bulgares se sont donc montrés généreux à peu de frais, en cédant ce
qu'en réalité ils ne possédaient pas.

L'existence de populations indépendantes
et ne payant pas d'impôts, telles que les Mir-
dites et les Pomaks et bien d'autres, est une
cause de faiblesse pour le gouvernement turc;
mais elle produit en même temps la prodigieuse vitalité et la force de résistance inouïe

de ces races habituées à ne compter que sur
elles-mêmes.

L'autonomie communale explique comment
les Bosniaques ont pu résister à 200,000 Autrichiens. Elle fait comprendre également
comment un peuple de paysans, tel que les
Bulgares, a pu se tenir debout et s'organiser
après le départ des Turcs qui constituaient
la classe dirigeante. C'est au sein des assem-
blées communales qu'ils avaient appris à
s'occuper de leurs affaires. La Turquie,
comme l'empire romain, reposait sur le pouvoir absolu, tempéré par l'autonomie communale. Voilà pourquoi nous avons assisté à
tant de surprises. Telle est la cause du con-
traste que l'on a remarqué entre la faiblesse
du gouvernement central et la vigueur extraordinaire des populations.

XII

ANDRINOPLE. — LE MUCHIR TAHIR-PACHA.

Il faisait nuit quand j'arrivai à Andrinople;
la ville étant éloignée, je descendis dans un
hôtel, voisin de la gare et tenu par un Arménien. La neige avait complètement disparu
et je le regrettai, car elle avait fait place à la
boue. L'armée, forte de plus de cent mille
hommes, réunie à la frontière, était sous les
ordres de Tahir-Pacha, qui avait établi son
quartier général à Andrinople. L'ancien chef
d'état-major d'Osman-Pacha a été l'un des
principaux organisateurs de l'héroïque résis-
sistance de Plevna. Il avait été récemment
élevé au grade de *muchir*, c'est-à-dire maré-

chal. Son habitation était fort simple. Quand je m'y rendis, le 6 janvier, je ne vis aucun factionnaire à la porte. Quelques soldats se tenaient dans une petite salle du rez-de-chaussée.

Je remis ma carte et on me fit monter au premier étage. Après que j'eus traversé une chambre où écrivaient plusieurs officiers, on m'introduisit dans un modeste salon meublé d'un canapé, de deux matelas étendus à terre et recouverts de tapis. A une extrémité, j'aperçus une table et quelques chaises rustiques. Je m'assis sur le canapé. Un officier, portant la nouvelle tenue de la cavalerie, avec le bonnet en astrakan qui remplace le fez, me tint compagnie un instant et me fit servir du café par un soldat qui, suivant l'usage du pays, avait retiré ses chaussures pour ne pas salir le tapis et qui s'en alla sans me tourner le dos.

Quelques instants après, le *muchir* fit une entrée fort pittoresque. Il était enveloppé d'une longue pelisse de chambre et une jolie petite femme, aux cheveux ébouriffés, lui portait sa

13

tunique. Lorsqu'il m'eût salué et invité à me rasseoir, il essaya un veston d'uniforme, indiqua quelques retouches au tailleur, puis passa sa tunique et donna la pelisse à la jeune *odalik* (1) qui s'éloigna. Le *muchir* ne portait d'autres décorations que les médailles commémoratives de ses campagnes. Il s'assit sur un matelas plus bas que moi et, après avoir signé quelques papiers que lui présentait un officier, il s'abandonna, pendant plus d'une heure, à une conversation des plus intéressantes pour moi, car le maréchal s'exprime admirablement en français.

C'est un homme de taille moyenne, pas rop gros, à l'œil vif, et dont la barbe noire commence à grisonner; de temps à autre, le maréchal se sert d'un binocle; il sourit avec intelligence et bonté. Son langage, d'une franchise toute militaire, est celui d'un patriote préoccupé de la grandeur de son pays. Il diffère sensiblement de celui de ce fonctionnaire

(1) Femme de chambre. C'est de là que vient notre mot odalisque.

catholique dont j'ai précédemment recueilli les paroles et pour lequel, sans doute, rien ne vaut le royaume des cieux. Après avoir rappelé que j'étais avec l'armée ottomane, en 1877, j'exprimai mon admiration pour la belle défense de Plewna.

— Quand nous sommes arrivés dans cette place, nous n'avions ni pioches, ni pelles ; les soldats étaient obligés de gratter la terre avec leurs ongles, pour élever nos retranchements! Nous avions fort peu de munitions et nous les économisions précieusement, attendant, pour tirer, que l'ennemi fût à quelques pas de nous.

— L'Europe a été fort surprise que vous n'ayez pas occupé la Roumélie orientale, le lendemain de la révolution. Le traité de Berlin vous donne un droit que personne ne conteste.

— A ce moment, je n'avais pas deux régiments ici et les Bulgares concentraient toutes leurs troupes, ainsi que celles de la Roumélie, à la frontière. Mais ils n'ont pas encore senti réellement l'odeur de la poudre. Après avoir élevé quelques retranchements peu redoutables, ils viennent d'enterrer quelques barils de poudre pour nous faire sauter, mais tout cela est assez enfantin.

— Il est incompréhensible que la Turquie ait laissé échapper une occasion comme elle n'en retrouvera jamais. Le prince Alexandre vous a offert de mettre des garnisons à Philippopoli et à Sofia, d'occuper les passes des Balkans. Il a même proposé à la Porte d'aller combattre les Grecs. Je pense que la Turquie aurait pu obtenir que les ministres des affaires étrangères et de la guerre bulgares fussent ottomans. Vous pouviez rentrer en Roumélie, avec ou contre les Bulgares. Mais votre inaction ne se comprend pas. Le gouvernement bulgare a fait de grands efforts pour se rapprocher de vous. Votre indécision ramènera avant peu le retour de l'influence russe.

— Ceci est de la politique et je n'ai pas à m'en occuper. Cependant je pense que l'on doit toujours respecter les traités. Nous n'en avons jamais violé un seul. Or, l'encre du

traité de Berlin est à peine sèche que déjà
on veut le déchirer. Pour moi, je n'attends
qu'un ordre pour le faire respecter.

— A Sofia, Gadban-Effendi m'a dit qu'il
fallait cent mille hommes et cinquante millions pour occuper les Balkans.

— C'est une erreur. Il n'est pas nécessaire
de rester au sommet de la montagne. On y
va seulement pendant l'été et au moment de
la guerre, quand il y a nécessité absolue. On
peut rester au pied, dans des huttes comme
celles que nous avons à la frontière. On élè-
verait des redoutes en terre, et cela ne coûterait pas ce que nous dépensons ici.

— J'ai été choqué, en Roumélie, de voir
qu'un grand nombre de soldats bulgares
portaient sur leur kalpak un lion héraldique
en cuivre, tenant sous sa patte le croissant
étoilé, qui est l'emblème de la puissance su-
zéraine. L'industriel qui a inventé ce symbole
de fanatisme religieux a gagné plus de vingt
mille francs. Il me semble qu'il suffirait d'une
note adressée au prince Alexandre pour faire

disparaître cet outrage, d'autant plus bête
que les Bulgares doivent leurs succès aux
nombreux musulmans qui ont combattu dans
leurs rangs. Les médailles militaires frappées
en Serbie et en Russie portent également
une croix plantée sur le croissant, et cela m'a
toujours indigné, car je suis partisan de la
tolérance religieuse que les Turcs ont, du
reste, toujours pratiquée.

— Les vieux Bulgares étaient nos amis,
ils n'avaient pas à se plaindre de nous, car
nous ne leur demandions autre chose que de
payer un impôt représentant, ainsi que son
nom l'indique, l'indemnité qu'ils nous devaient
pour les défendre, pendant un an, contre
l'ennemi du dehors, assurer leur sécurité à
l'intérieur et garantir leurs propriétés contre
toute agression. Ce sont les jeunes ambitieux,
élevés à l'étranger, qui ont poussé les Bulgares dans les aventures. Leur indépendance
ne pouvait être mieux défendue que par nous
qui l'avons respectée pendant tant de siècles.
En se séparant de nous, ils sont certains de

disparaître, absorbés par la Russie ou l'Autriche qui ne songent qu'à leur intérêt et dont
la domination est bien plus dure que la
nôtre.

— J'ai été frappé de voir qu'en Bulgarie
on n'avait fait que des casernes depuis six
ans. Le routes et les ponts sont l'œuvre de
l'administration ottomane.

— Les Bulgares sont laborieux, sobres et
économes. Mais il sont un peu apathiques,
ils ont besoin d'être entraînés dans la voie du
progrès par de bons exemples. Qui les leur
donnera ? Qui donc, chez eux, se soucie du
bien public ? La classe dirigeante est composée de politiciens ambitieux qui tous veulent
arriver au pouvoir et songent à s'enrichir.
Dans les écoles, les jeunes gens expriment
constamment l'espoir d'arriver à être ministres.

— Les Bulgares ne sont pas hospitaliers
et aujourd'hui, comme en 1877, il est extrêmement difficile de se procurer, même à un
prix exorbitant, ce qui est nécessaire à la vie.

— Lorsque j'étais interné à Pultava, en 1878, les officers russes me disaient que les Bulgares refusaient même un verre d'eau à des blessés agonisant, tandis que, dans les villages turcs, les paysans offraient tout ce qu'ils possédaient.

— Cela n'a pas empêché les cosaques de tuer, par milliers, les émigrés turcs. Il est vrai qu'ils ont donné pour excuse qu'ils s'étaient trompés, en les prenant pour des bachi-bouzouks s'enfuyant après le pillage des villes.

— Je pense qu'ils se sont trompés volontairement.

Je pris congé du muchir en le remerciant de son accueil bienveillant et en l'assurant que je faisais des vœux pour que la Turquie retrouve son ancienne grandeur et son prestige militaire.

— De mon côté, je serais heureux, si nous avions à faire la guerre, de vous accueillir dans mon état-major, pour que vous puissiez être témoin des exploits de nos braves soldats.

La belle cité fondée par l'empereur Adrien occupe un emplacement admirable, au sommet d'une colline qui domine le confluent de la Maritza, de la Toundja et de l'Arda. Andrinople, ou plutôt Adrianople, est à la Turquie ce que Lyon est en France. Elle compte encore 100,000 habitants. Elle possède des monuments très remarquables, situés au sommet de la colline et qui semblent être son couronnement naturel. Nulle part l'œuvre de l'homme ne s'harmonise mieux avec les lignes du paysage. Dans cette ancienne capitale de l'Empire ottoman, on comprend la grandeur de ces sultans des siècles passés qui voulaient égaler les Romains, dont ils se considéraient comme les héritiers, et qui mettaient leur gloire à élever des monuments grandioses dignes de leurs prédécesseurs.

Il n'existe nulle part un temple plus superbe que la mosquée de Sélim, dont le dôme a un mètre de plus que Sainte-Sophie. Malheureusement, il y a un an, on a eu le mauvais goût de la recouvrir intérieurement d'un odieux badigeonnage, avec des enluminures grossières. Par quelle étrange aberration en est-on arrivé à préférer le plâtre au marbre ? Cette mosquée possède des portes sculptées avec incrustations de cuivre et d'ivoire qui mériteraient, tout aussi bien que celles du baptistère de Florence, d'être appelées les portes du paradis. La *Sélimieh* est célèbre, en outre, par ses quatre minarets à trois balcons, où l'on monte par trois escaliers différents. Celui qui conduit à l'étage supérieur a 377 marches. Son ascension m'a occasionné de fortes douleurs dans les jambes.

On remarque encore à Andrinople la mosquée de Mourad IV, avec ses quatre minarets de style différent : l'un est cannelé, l'autre en spirale, un troisième est recouvert d'un damier noir et rouge. L'*Eski djami*, ou vieille mosquée, datant de Mahomet Ier, est remarquable parce qu'elle indique une transition entre l'art arabe et le byzantin. Sa coupole repose sur quatre énormes piliers

quadrangulaires que surmontent d'immenses
voûtes ogivales rappelant celle de la mosquée
d'Hassan au Caire. Ce monument austère
inspire plus de recueillement que d'autres
édifices plus mondains. Ici on a moins de
préoccupations artistiques et l'on comprend
mieux le sentiment éprouvé par M. Renan,
qui n'a jamais pu entrer dans une mosquée
sans regretter de n'être pas musulman.

Le vieux palais des Sultans a été détruit
pendant la dernière guerre. Mais il reste
encore deux superbes ponts en pierres de
taille, surmontés, à la clef, de loggias en
marbre avec de gracieuses colonnettes. Les
khans d'Andrinople sont célèbres. Ce sont
de vastes constructions avec des cours
entourées de portiques et renfermant des
arbres et des fontaines. On aurait dû construire toute la ville dans ce style qui rappelle
la grandeur des Osmanlis. Si les rues étaient
repavées, et si on les débarrassait d'une quantité de petites maisonnettes sans étages qui
occupent inutilement beaucoup de place,

Andrinople pourrait être une des plus belles villes du monde.

Le jour de mon arrivée, une troupe arménienne jouait, en turc, *Lucrèce Borgia*, de Victor Hugo. La ville était couverte d'affiches en quatre langues, française, turque, arménienne et grecque annonçant le spectacle. Le théâtre et le journal qui répandent notre littérature servent beaucoup mieux notre influence que les corporations religieuses. Celles-ci propagent les mots de notre langue, mais nullement nos idées. D'ailleurs, elle ne peuvent s'empêcher de faire une propagande qui est absolument inutile, en Orient, où le prosélytisme est impossible. Il vaudrait mieux placer des professeurs français dans les écoles turques, bulgares et grecques.

J'ai eu à ce sujet une longue conversation avec le consul de France à Andrinople, M. Lafont, qui est né en Orient, parle très bien le turc et le grec. Il m'a dit qu'on était trop exclusif en ne protégeant que les catholiques ; nous pourrions étendre notre clien-

tèle et notre influence parmi les indigènes
d'autres religions. Le consul, très philhel-
lène, regrettait infiniment le conflit qui rui-
nait les petits peuples chrétiens de l'Orient.
Il serait partisan, comme tous les hommes raisonnables, d'une confédération pré-
sidée par le sultan. Il est persuadé que la
Turquie est seule capable de défendre ces
petits peuples contre le slavisme et le germanisme. Il reconnaît que notre influence disparaîtrait avec le départ des Turcs. Toute
diminution de la puissance ottomane est une
atteinte portée aux intérêts français.

Dans le train qui m'amenait à Constantinople, j'ai causé longuement avec un prêtre
canadien qui, depuis quatre ans, étudie les
peuples de la péninsule. A propos de l'opinion
qui représente les Serbes comme des Celtes,
il m'a dit que le culte du gui s'était conservé
dans ces contrées et même dans certaines
parties de Bulgarie où on le cueille, pour le
conserver, dans les appartements. Il m'a
donné également des renseignements sur l'é-

tymologie du mot *boulgre*, contraction de bulgare qui est encore une injure dans notre langue. On connaît la définition de Voltaire, suivant lequel ce mot désignait les gens qui n'ont pas pour les femmes le respect qu'elles méritent. D'après mon prêtre canadien, il y avait autrefois une secte d'hérétiques bulgares dont les pratiques obscènes n'étaient pas sans analogie avec celles qu'on reprochait aux Albigeois, et c'est pour cela que le nom de ces hérésiarques, qui s'intitulaient chéris de Dieu, *bogo mils*, est devenu une injure.

XIII

SAID-PACHA. — LA CONFÉDÉRATION ORIENTALE.

Je consacrerai un volume spécial à Constantinople où je suis allé trois fois et que j'ai habité pendant plus de dix-huit mois. Je me bornerai, dans celui-ci, à rendre compte d'une entrevue que j'ai eue avec le ministre des affaires étrangères de l'Empire ottoman.

Il est assez difficile de rencontrer les ministres, à la Sublime-Porte, dans cet immense dédale où quatre ministères sont réunis. Mais en allant de bonne heure à leur domicile particulier, on peut facilement les voir, sans demander d'audience, et ils vous reçoi-

vent immédiatement avec simplicité et courtoisie.

Saïd-Pacha demeure dans une rue qui
descend des hauteurs du Taxim au palais de
Dolma-Batché. Un jeune domestique allemand, que le pacha a ramené de Berlin, m'a
introduit dans un grand salon meublé à l'européenne et peu luxueux. Les Osmanlis réservent toutes leurs élégances pour l'appartement
des femmes. Après m'avoir offert la classique
tasse de café, un serviteur noir me conduisit
dans un petit salon où le ministre me reçut
avec beaucoup d'affabilité; c'est un homme
de haute taille, à barbe grise, à la physionomie vive et bienveillante. Le pacha se rappela que j'avais publié sa biographie au moment de sa nomination et il m'en remercia.
Il eut la modestie de me demander mon avis
sur la question bulgare.

— Ne pensez-vous pas que les paysans
de ce pays sont plus heureux que ceux de
plusieurs grands Etats, notamment de l'Allemagne?

— Certainement. Ils sont presque tous propriétaires ou cultivateurs. Ils ont peu de
besoins. Leur gouvernement ne coûte pas
cher. Dans les ministères il y a trois ou
quatre employés en tout. C'est un peuple de
paysans où la classe dirigeante ne comprend
pas plus de deux ou trois cents hommes ins-
truits. Mais dans quelques années, ils seront
comme les Grecs qui veulent tous être ministres et vivre du budget.

— Ne croyez-vous pas que les Bulgares
regrettent la domination ottomane ?

— Sans doute ils ont pu comparer les procédés russes à ceux des Turcs et ils trouvent
que les premiers sont beaucoup plus durs.
En ce moment, pour éviter de retomber sous
le joug moscovite, ils sont disposés à se rapprocher de la Turquie. Mais vous feriez bien,
dans leur intérêt même, de prendre des garanties sérieuses, car, une fois le danger passé,
les peuples ne sont pas reconnaissants. Il
faudra toujours compter avec le fanatisme
religieux qui anime les chrétiens d'Orient.

— Ce fanatisme se retrouve même dans les grands pays. L'Europe est injuste à notre égard ; il semble que nous soyons en dehors de l'humanité et que tout soit permis contre nous. Si nous voulions prendre les garanties dont vous parlez, la Russie s'y opposerait énergiquement. Je me souviens qu'étant à Berlin, lorsque je sortais avec mon fez, deux ou trois cents gamins me suivaient comme une curiosité. Les hommes aussi me regardaient avec étonnement. Alors je m'arrêtais pour qu'ils pussent mieux voir.

— Ici, on est moins indiscret, et on est habitué à regarder avec indifférence les costumes les plus extraordinaires. J'ai entendu raconter qu'en voyant nos braves tirailleurs algériens, prisonniers en 1870, les femmes et les enfants de Silésie fuyaient épouvantés.

— A la Conférence de Berlin, à propos du Congo, dans une séance que présidait M. de Courcel on ne s'occupa, pendant plus de deux heures, que des missionnaires. Je de-

mandai la parole pour savoir si nous étions
dans un concile de théologiens ou dans une
conférence de diplomates. Si nous assistons
à un concile, comme je suis incompétent, je
prierai mon souverain de me faire assister par
un homme à turban. La plus grande partie
des habitants de l'Afrique étant musulmans,
ce pays ayant été exploré par les Arabes bien
avant les missionnaires, il me semble, en effet,
que les intérêts de notre religion pourraient
être pris en aussi sérieuse considération que
ceux du catholicisme. Mes collègues s'excusè-
rent. M. de Launay, le représentant de l'Italie, ajouta qu'il ne parlait pas au nom de son
gouvernement, mais au nom du pape. L'inci-
dent ne fut pas mentionné au procèsverbal.

— Le seul pays où le fanatisme ait complètement disparu est la France. Mais certains hommes l'ont remplacé par le culte du
Code civil dont ils ont fait un évangile. Ainsi
plusieurs députés ne voudraient pas avoir
pour collègue un musulman ayant plusieurs
femmes.

— Mais ils ne sont sans doute pas scandalisés de siéger à côté d'hommes ayant eu des centaines de maîtresses.

— A Sofia je me suis trouvé, un soir, dans une réunion où tout le monde était d'avis que votre religion serait excellente, si on séparait la partie purement théologique de la législation régissant la famille et la propriété. Il est difficile de l'accepter, parce qu'elle choque les mœurs, tandis que votre monothéisme si pur, si dégagé d'anthropomorphique, séduit les consciences éclairées.

— En dehors des dispositions régissant le statut personnel, notre Code est à peu près le même que le Code français.

— A mon avis, ce qui a causé la faiblesse des peuples musulmans, c'est d'abord votre excessive tolérance, qui vous a empêchés d'imposer votre langue et un enseignement national. Dans aucun autre pays, on ne tolèrerait l'existence d'un enseignement séparatiste. La seconde raison de la faiblesse actuelle des musulmans, c'est l'interdiction du prêt à intérêts, formulée par votre religion. Vous avez abandonné vos finances à des chrétiens qui vous ont ruinés.

— Si la religion nous interdit le prêt, elle condamne également l'emprunt à intérêts. Nous avons eut tort de l'oublier. L'étranger nous a inondés de papiers sans valeur pour nous. Nous n'avons réellement pas reçu l'argent qu'on nous a réclamé ensuite. Malgré toute leur intelligence, nos grands ministres, Ali et Fuad, ont été imprudents en se lançant si audacieusement dans la civilisation occidentale. Ils ont voulu accomplir, en quelques années, l'œuvre d'un siècle.

— Votre destinée est intimement liée à celle de la France. Vos malheurs ont commencé le lendemain de nos désastres et ils n'auraient pas eu lieu si l'alliance, contractée au moment de la guerre de Crimée, avait été maintenue en 1870.

— Je le crois aussi. Mais, pour le moment, ce qui nous fait le plus de mal, c'est le désaccord des puissances dont l'intervention, dans

nos affaires, est toujours funeste, car elles ne
s'entendent jamais quand il s'agit de nous
donner un bon conseil. C'est seulement lorsque nous voulons faire quelque chose qu'on
s'unit pour nous en empêcher. Je suis heureux de voir que vous ne partagez pas les pré-
jugés qui ont cours en Europe, à notre sujet,
et je ne puis que vous encourager à dissiper
les malentendus existants.

— Les nations sont souvent trompées par
les diplomates. Nous ne sommes pas toujours bien renseignés sur votre pays. Vous
ignorez également ce qu'il y a de meilleur
chez nous.

— Nous avons certainement de grands défauts. Mais l'Europe est trop injuste à notre
égard.

— En effet, elle intervient si capricieuse-
ment et si arbitrairement dans vos affaires,
que vos qualités vous nuisent plus que vos
défauts.

— Je suis très heureux de vous avoir vu et
j'espère que vous, qui nous connaissez bien,

vous continuerez à nous faire connaître tels que nous sommes.

Le ministre me dit encore une foule de choses. Mais je résume en disant que Saïd-Pacha m'a produit l'impression d'un homme fort intelligent et extrêmement sympathique.

Pendant que j'étais à Constantinople, j'ai vu, à l'hôtel du Luxembourg, MM. Tsanoff et Gadban-Effendi, qui étaient venus négocier une convention entre la Turquie et la Bulgarie, pour établir l'union personnelle et faire du prince Alexandre le gouverneur général de la Roumélie orientale. Une entente a fini par s'établir qui fut sanctionnée par l'Europe. Les Bulgares ont montré leur reconnaissance en n'exécutant aucun de leurs engagements. Ils ont fait siéger, à Sofia, les députés rouméliotes. Ils n'ont jamais voulu entendre parler de payer le tribut qu'ils doivent à la Porte, ni prendre à leur charge leur part de la dette ottomane, pas plus qu'ils n'ont travaillé au chemin de fer et démoli les fortifications du Danube, obligations résultant du traité de

Berlin. Ils ont récompensé la France, qui
leur avait montré presque autant de sympathies que l'Angleterre, en établissant une
ligne de douane à la frontière rouméliote où
ils perçoivent un droit de 8 pour 100 de leur
valeur sur les marchandises françaises, qui
acquittent déjà un droit à la douane de Constantinople. Les marchandises allemandes, ou
autrichiennes, venant par le Danube, n'ont
que 8 pour 100 à payer, de sorte que la con-
currence devient impossible pour nous et nous
avons à peu près perdu le marché de la Roumélie, où le commerce occidental faisait pour
près de cent millions d'affaires. Les commerçants français à Constantinople écoulaient une
grande partie de leurs marchandises en Roumélie. On change difficilement les habitudes
commerciales d'un pays et lorsque les Rouméliotes seront accoutumés de s'approvision-
ner en Autriche, il nous sera impossible de
détourner le courant.

Malgré les promesses formelles et les engagements pris officiellement par M. Tsanoff,

ministre des affaires étrangères de Bulgarie, la ligne de douane n'a pas été supprimée.

Ces enfants gâtés se croient tout permis et ils abusent un peu de la condescendance de l'Europe. Celle-ci a montré beaucoup de sévérité à l'égard des Grecs. Elle finira peut-être par prouver qu'elle sait ce que c'est que la justice, et par apprendre, à un petit peuple ignorant et mal conseillé, que les traités sont faits pour être respectés.

Il ne nous reste plus qu'à souhaiter que la Turquie reçoive enfin le mandat européen d'occuper la Roumélie. C'est par là qu'il aurait fallu commencer. Nous n'avons d'autre intérêt que de conserver l'union douanière entre la Turquie et la Roumélie et d'empêcher cette province de se détacher de l'Empire, car nos droits protégés par les capitulations, en Turquie, n'ont plus aucune garantie dans ces petits pays sans scrupules. Je pourrai répéter, à propos de la Bulgarie, le proverbe devenu populaire, dans la Dobrudja, depuis 1878 : « Quand tu rencontres

la chaussure d'un Turc, ramasse-la et porte-
la à tes lèvres ! » En effet, les Roumains de
la Dobrudja se conduisent autrement bien
que les Bulgares. Pourtant on y regrette la
domination ottomane et ces sentiments s'expriment avec la vivacité pittoresque et expres-
sive que la phrase citée plus haut, rend si
bien.

La paix ne sera définitivement établie en
Orient que par la réconciliation des peuples
de la presqu'île des Balkans. L'utopie d'aujourd'hui est souvent la vérité de demain. Il
y a plus de douze ans que j'émettais, dans un
livre sur la Roumanie, l'idée de former une
confédération orientale. Ce projet a fait assez
rapidement son chemin pour qu'un journal,
aussi peu partisan des innovations que le
Tarik, ait cru devoir l'adopter. La tâche
a été rendue difficile, mais elle ne rencontre
aucun obstacle de la part des Bulgares, ce
qui est un grand avantage. Tant que ces derniers étaient sous la dépendance de la Russie,
il n'y avait rien à espérer. L'exemple montre

aux Grecs qu'ils ont plus à gagner qu'à perdre en se mettant d'accord avec la Turquie.

L'union de tous les peuples des Balkans,
pour former une confédération sous la présidence du Sultan, fait partie du programme
des radicaux serbes. La Grèce devrait renoncer à convoiter l'Epire, dont la possession lui
ferait une ennemie irréconciliable de l'Albanie, ce qui arrêterait les progrès de l'hellénisme dans ces contrées. Elles serait bien
inspirée si elle négociait directement avec la
Turquie, pour obtenir un traité d'alliance
politique et économique plus avantageux
que la conquête d'une province. La Grèce
faisant partie de la confédération orientale, et donnant des garanties politiques
et militaires, étendra son influence sur un
million et demi de sujets ottomans helléno-
phones. Du moment où les agissements de
l'hellénisme n'auront plus pour but la recons-
titution de l'Empire byzantin et ne serviront
qu'à la consolidation de l'Empire ottoman,
qui seul garantit la Grèce contre le pansla-

visme, comme il a déjà sauvé l'hellénisme,
au moment de l'empire serbe, des avantages
réels pourront être accordés aux Grecs, dont
les intérêts les plus sérieux sont engagés en
Turquie.

Cet accord est le seul moyen honorable de
sortir de l'impasse. Les Grecs ne sont pas
aimés des autres peuples de la presqu'île des
Balkans. En Europe, ils n'ont pas de meil-
leurs amis que la France. Celle-ci a de grands
intérêts en Grèce, mais elle en a de non moins
considérables en Turquie, et sa politique a
toujours eu pour objectif la réconciliation des
deux pays.

Au lieu de servir de jouets à l'ambition des
grandes puissances, qui les font manœuvrer
comme les pièces d'un échiquier, les faisant
avancer, ou reculer, suivant des combinai-
sons inconnues, les petits peuples de l'Orient
doivent comprendre enfin qu'ils ont été dupes;
et que la presqu'île des Balkans risque de
devenir, comme l'Amérique du Sud, un foyer
permanent de guerres civiles, tant qu'ils ne

chercheront pas à s'entendre pour satisfaire leurs communes aspirations.

A propos de ce projet de confédération, certains publicistes, sans idées, ont suivi la tactique habituelle qui consiste à dire de toute innovation: C'est une utopie irréalisable. Puis, quand tout le monde semble disposé à l'accepter, on s'écrie: Il est trop tard!

A ce sujet, un écrivain distingué, qui connaît bien l'Orient, M. Léon Cahun, m'écrivait qu'il était impossible de parler de fédération avant la création des petits Etats. On ne peut songer à raccommoder la vaisselle avant qu'elle soit brisée. Pour certaines gens, il est toujours trop tôt ou trop tard et il n'y a jamais de moment opportun. Je ne suis pas de ceux-là et j'estime qu'il est toujours temps de faire le bien.

XIV

SMYRNE ET SYRA

J'ai quitté Stamboul le mercredi 17 janvier, à cinq heures du soir. Le soleil disparaissait, au fond de la Corne d'Or, derrière les hauteurs d'Eyoub et il entourait d'un filet d'or le profil des monuments qui se détachaient, avec une netteté incomparable, dans un ciel sans nuage. Sur la côte d'Asie, les maisons de Scutari semblaient avoir des fenêtres de rubis étincelants. Comme en 1879, ce magnifique spectacle me causa une émotion telle que j'avais de la peine à retenir mes larmes. Je ne pouvais penser sans colère à

ces politiciens imbéciles qui, froidement, parlent de la possibilité de voir disparaître la
Turquie. Mais ne comprenez-vous pas que
ces superbes monuments, les plus beaux du
monde, tomberaient en ruines ? Est-ce que
Constantinople, ville libre, ou capitale d'un
petit État chrétien, pourrait conserver ses
900,000 habitants dont les deux tiers au
moins sont musulmans ? Cette prodigieuse
agglomération n'est possible que par suite du
séjour du souverain d'un grand empire et du
chef d'une grande religion. Si un immense
commerce international se fait à Constantinople capitale, il n'aura plus de raison d'être
dans une simple succursale de Nice ou de
Monaco. Des milliers de trafiquants cosmo-
polites s'enrichissent à Péra et à Galata,
parce qu'ils dévorent le budget de l'empire
des deux mers comme l'appelaient les anciens
Osmanlis. Après la chute de la domination
ottomane tout cela disparaîtrait. L'Europe
chrétienne commettrait, contre la civilisation
et contre l'art, un crime plus grand que l'expul-

sion des Maures d'Espagne. Constantinople
est la merveille de l'Europe. C'est son plus
bel ornement. Ceux qui rendraient désertes
les rives enchantées de la Corne d'Or mériteraient la célébrité d'Erostrate. Tant qu'il
resterait, ici-bas, un poète, un artiste ou un
lettré, ils seraient flétris comme les Vandales.
L'industrialisme moderne aurait beau se
parer pompeusement du nom de civilisation.
Il serait synonyme de barbarie.

Je restai sur le pont de *Cambodge* pendant
qu'il tournait autour de la pointe du Sérai, la
plus belle résidence qui soit au monde. Mes
yeux ne se détachaient pas de la vieille
muraille byzantine que dominaient les coupoles et les gracieux minarets de l'*Ahmédieh*, ce
temple plus beau que Notre-Dame et Saint-
Pierre de Rome. Je ne le quittai qu'après
avoir vu disparaître, dans la nuit, le fameux
château des Sept-Tours. Je descendis alors
dans la salle à manger et je m'occupai des
passagers qui étaient peu nombreux. La
galanterie me fait un devoir de commencer

par les dames. Nous avions à bord la femme
du gouverneur de Smyrne, grande brune, au
teint mat, aux yeux splendides et sa bonne,
qui portait un petit enfant ne cessant de
pleurer pendant le dîner. Une Anglaise
sourde accompagnée de sa jeune fille. On
parlait à la première au moyen d'un tuyau
acoustique et la conversation bruyante de cette
femme, se prolongeant fort avant dans la
soirée, empêchait les voyageurs de dormir.
Cette Anglaise, qui habite depuis longtemps
Constantinople et qui dirige un atelier, nous
montra de magnifiques broderies, exécutées
par des femmes turques, à vil prix, ce qui
procurait un grand bénéfice à la revendeuse.
Celle-ci causait longuement avec un jeune
Anglais fort original. C'était un grand beau
garçon, au visage pâle, à barbe noire, aux
dents blanches. Officier de marine, il avait
donné sa démission pour se fiancer à une
personne qui, d'après sa photographie, ne
doit être ni jeune ni jolie. Cette dernière ayant
projeté un voyage en Ecosse, l'amoureux

dépité résolut de partir pour Constantinople et il s'embarqua sur un navire de Liverpool qui mit 18 jours pour arriver au but. Là il trouva une dépêche lui annonçant que sa fiancée était de retour, il repartit immédiatement par le premier bateau. Cet original s'était fait fabriquer un pardessus avec une petite poche sur la manche gauche et il nous expliqua que cette poche était destinée aux petites miss qui lui donnaient le bras et pouvaient y mettre leur main pour la protéger du froid. Ce jeune excentrique, dévot catholique, me demanda, avec naïveté s'il était vrai que tous les républicains fussent athées. Nous avions aussi, à notre table, un commerçant de Lyon, M. Bérard, qui est en même temps conseiller municipal et qui fait des affaires considérables avec l'Orient où il va souvent. Enfin l'un des passagers les plus intéressants, par sa conversation instructive, était un publiciste allemand, M. de Huhn, que j'avais connu à Sofia. C'est un grand gaillard à barbe rousse, à longues moustaches. Il a fait la cam-

pagne de 1878 avec l'armée russe et il venait
de passer quatre mois en Bulgarie. Du reste,
j'ai déjà eu l'occasion de parler de lui.

Le jeudi matin, à quatre heures, nous
jetions l'ancre aux Dardanelles, à Tchanak
Kalé. Au milieu de la nuit, je distinguai des
feux rouges à gauche, des feux verts à droite.
Sur les redoutes dominant le détroit je remarquai d'énormes canons de marine. A huit
heures nous passions devant Ténedos, sa
forteresse turque au bord de la mer et son
énorme tour à l'extrémité du môle. Une
douzaine de moulins à vent tournaient comme
des soleils de feux d'artifice. L'île de Metelin
est boisée et pittoresque. Des villages suspen-
dus aux flancs des collines s'étagent sur des
gradins blancs comme Alger. Je vis des fabri-
ques de savon placées au bord de la mer.
Cette île produit de l'huile et du raisin. La
forteresse de Mételin occupe un promontoire
comme Belgrade. Les tours, avec leurs cré-
neaux de pierres grises, sont très pittoresques.
Au second plan j'aperçus un minaret et

plus loin, sur la hauteur, une église neuve.
Un peu avant le coucher du soleil, nous apercevions l'île de Chio, puis nous entrions
dans le golfe profond de Smyrne, où il est
défendu de pénétrer la nuit. Mais par une
faveur spéciale accordée aux messageries,
l'entrée du port était indiquée par un feu vert
à gauche et rouge à droite. Lorsque les deux
phares sont rouges, cela signifie qu'on ne
peut pénétrer. Le panorama de Smyrne est
magnifique la nuit. C'est un hémicycle de
collines garnies de maisons éclairées. Un
cercle de feu indique les quais, on se croirait
au milieu d'une illumination féerique. Le
Cambodge fut amarré au quai. Néanmoins,
pour descendre, il fut nécessaire de mettre le
pied dans une embarcation de forme bi-
zarre, espèce de gondole dont le plancher est
arrondi aux deux extrémités, de sorte que le
pied glisse et qu'on fait des chutes dangereuses. Le port naturel de Smyrne est admirable. On y a fait des jetées beaucoup trop
petites qui le coupent en deux d'une façon

regrettable. Ce sont les Anglais qui ont eu les premiers l'idée de faire une jetée ; mais comme toujours, ils se sont montrés fort mauvais constructeurs. Ayant négligé de pratiquer des sondages, ils ont inutilement lancé à la mer une quantité prodigieuse de blocs qui se perdaient jusqu'au jour où une société française reprit les travaux et opéra sur un fond plus solide. La même compagnie a construit des quais admirables ayant plusieurs kilomètres de long et pavés en dalles comme les grandes villes d'Italie. Tout le long du port il y a des cafés. Dans plusieurs on chante en français ; tous sont pourvus de grands narghilés qui sont célèbres en Orient. La rue parallèle au quai possède un café chantant turc, fréquenté par des calfats. J'y entendis deux musiciens et une vieille chanteuse placés sur une petite estrade. Un problème qui paraît insoluble, c'est de savoir comment peuvent vivre ces cent cafés immenses qui se succèdent sans interruption le long du quai. D'où peut venir la population qui les fréquente? Il est vrai que Smyrne compte 150,000 habitants. Mais dans aucune ville de même importance on ne voit autant de cafés. Autrefois ces établissements se trouvaient sur pilotis et s'avançaient dans la mer; il y eut même une catastrophe terrible, mais cela était beaucoup plus pittoresque. Les Européens admirent beaucoup ce quai et ce port qui, pour eux, sont l'idéal de la civilisation. J'avoue que cela me laisse froid, d'ailleurs le port est trop petit. Comme il faut acquitter un droit pour y pénétrer, beaucoup de petits navires n'y entrent pas et les gros navires de guerre jettent également l'ancre en dehors. Je suis revenu à bord, pour y passer la nuit, et le lendemain, de grand matin, je suis retourné à terre. Comme nous ne devions partir qu'à 4 heures, j'avais tout le temps nécessaire pour visiter la ville. Je remarquai, dans les cafés grecs, un grand nombre de gravures grossièrement peintes représentant les exploits accomplis par des brigands célèbres contre les Turcs. Il n'y a

que la Turquie où l'on puisse voir une tolérance
pareille. Sur toute la longueur du quai, il y a
une ligne de tramways. Je suis monté dans
une de ces voitures traînée par un seul cheval
et je suis allé ainsi jusqu'à l'extrémité de la
ville. Après la longue série des cafés, il existe
une autre succession d'habitations particu-
lières, très propres et toutes construites sur le
même modèle, avec de petits perrons, des
portes et des fenêtres, protégées par des grilles
de fer peint et dont le dessin élégant ressemble à de la guipure blanche, sur fond noir.

Dans les rues de Smyrne on rencontre, à
chaque instant, de longues files d'immenses
chameaux attachés l'un à l'autre et formant
chapelet. Le premier porte une grosse
cloche au cou et il est souvent remorqué
par un petit âne, sur lequel se tient le conducteur, dont les grandes jambes traînent à
terre. Ces chameaux, à long poil d'un
brun fauve comme des crinières de lions,
ont presque tous une muselière, ce qui
ferait supposer qu'ils sont moins débon-

bonnaires que ceux d'Afrique. Le bazar est moins beau que celui de Constantinople. En fait de produits du pays, je n'ai guère vu que des tapis. Mais on en trouve aujourd'hui partout. En revanche les objets fabriqués en Europe abondent et détruisent la couleur locale. La grande mosquée n'a rien d'extraordinaire. J'avais trouvé sur le quai un guide israélite. Il me conduisit à une place assez éloignée où il est permis aux ânes de stationner, sans payer, d'impôt comme à l'intérieur de la ville. En ayant enfourché deux, nous avons fait une excursion aux environs de la ville. Nous traversâmes le cimetière, véritable forêt de cyprès, immenses comme ceux de Stamboul, au pied de la colline que surmonte une vieille forteresse en ruines ; puis après avoir franchi la voie du chemin de fer d'Aïdin et le pont jeté sur une petite rivière à sec, nous parcourûmes un quartier habité par les femmes grecques et arméniennes, où je ne vis aucun type remarquable.

En revenant par le quartier arménien, je remarquai que la plupart des maisons avaient leur porte ouverte, donnant sur un vestibule garni de canapés et pavés avec des dalles que des femmes lavaient incessamment. Ces vestibules se trouvent au dessus d'un perron de quelques marches. Cette coutume et ce genre de constructions m'avaient déjà frappé aux îles les Princes. Est-ce que les chrétiens d'Orient voudraient prouver qu'ils ne craignent pas l'indiscrétion des passants et signaler leur personnalité en faisant le contraire des musulmans si mystérieux ? Les croisés aussi affirmaient leur foi en mangeant avec excès, au point de s'en rendre malades, de la viande de porc interdite aux croyants.

Nous avons levé l'ancre à 4 heures, au grand désespoir d'un certain nombre de jeunes et jolies Anglaises levantines qui étaient venues visiter une petite camarade et qui furent obligées de retourner à terre. Dans la baie de Smyrne, je vis un navire de

guerre russe à deux tourelles. A l'arrière,
un balcon garni de pots de fleurs, au-dessus
duquel flottait le pavillon blanc barré de bleu
en diagonale. A notre droite, nous laissions le
village de Cordelio. Dans le lointain, nous
apercevions la noire montagne des Zeybecks.
Le golfe de Smyrne est presque aussi beau
que celui de Naples. Mais il est moins
peuplé et il n'éveille pas autant de souvenirs.
Il lui manqua un Vésuve et Pompei. Et
puis la vie artistique y fait défaut. Ce qui
y domine c'est cette civilisation franque
de la Méditerrannée qui va de Marseille à
Alexandrie, du Pirée à Galata, banale,
mercantile et dont l'idéal est le café-concert. La civilisation orientale recule et ce
qu'on met à la place est peu séduisant. On
vante les jolies femmes de Smyrne. J'avoue
que je n'en ai pas vu beaucoup. La race arménienne est certainement la plus belle.

Parmi les passagers embarqués à Smyrne,
se trouvait un Grec, grand bel homme, d'une
position aisée, qui allait pour s'enrôler à

Athènes. Il avait un peu d'instruction et parlait fort bien le français, mais il partageait les illusions de beaucoup de ses concitoyens. Il voulait nous faire croire, et il croyait sans doute lui-même, que les Grecs sont sept millions. Je ne pus pas lui persuader qu'ils ne sont que trois millions en tout, dont un tiers en Turquie. Il me demandait si j'avais entendu parler d'Henri Houssaye. Certainement, mais je ne m'incline pas devant cette autorité, car je connais la Grèce moderne au moins aussi bien que l'historien d'Appelles. Le patriotisme est toujours respectable, même lorsqu'il s'égare; aussi, dans mes réponses j'avais bien soin d'indiquer que, sans partager les espérances de mon interlocuteur, j'éprouvais pour son dessein un profond sentiment de compassion. Mais l'Anglais était beaucoup plus brutal. Lorsque le jeune Grec lui demanda :

— Que pensez-vous de la marine grecque ?

— C'est la première fois que j'en entends parler et j'ignorais son existence jusqu'à présent, répondit-il avec une certaine cruauté dédaigneuse.

Le soir, vers sept heures et demie, le capitaine me montrant un phare, me dit :

— Voici le feu des Phocéens, les descendants des fondateurs de Marseille.

Le samedi 30, à 8 heures du matin, nous jetions l'ancre dans le golfe de Syra. Ce qui prouve bien la supériorité des questions économiques sur la politique pure, c'est que Syra, par sa position centrale dans la mer Egée, est la ville la plus importante et celle qui a le plus d'avenir de toute la Grèce. Enlevez à Athènes ses ruines et son personnel de politiciens, qui se ruinent en pommade et en manchettes, il ne lui restera rien, tandis que Syra est le principal entrepôt du commerce. Elle occupe une situation admirable, en hémicycle. Ses rues pavées en dalles, comme à Venise, sont d'une propreté remarquable. Les maisons, qui s'étagent en gradins jusqu'au sommet des collines, sont très élégantes. On a construit un hôtel de ville fort beau, devant lequel il y a une belle place avec des maisons à arcades et de vrais palmiers. J'y ai bu ma dernière tasse de café turc. Le *cafedji*, que nous avions embarqué sur le pont du *Cambodge*, était descendu, suivant l'usage, à Smyrne avec sa baraque que l'on a transportée sur un autre navire retournant à Constantinople. Les cafetiers turcs ne dépassent pas Smyrne ou le Pirée dans la mer Egée, ni Orsova sur le Danube. A Syra, les narghilés et le tabac sont d'une qualité inférieure. Les marchands ont toujours en réserve un certain nombre de pièces démonétisées qu'ils écoulent aux étrangers, mais les bateliers qui nous ramènent à bord les refusent avec obstination.

La population de Syra est de 24,000 habitants, dont 6,000 catholiques. Ces derniers sont concentrés dans la vieille ville qui s'élève sur une colline en forme de cône et surmontée d'une église. Le quartier le plus neuf occupe une autre colline sur la droite et également surmontée d'une église; mais celle-ci est grecque. Syra doit sa prospérité à sa population catholique qui, placée sous le protectorat français, sut rester neutre pendant la guerre de l'indépendance. Alors les réfugiés de Chio et de Psara vinrent y chercher un refuge et accrurent considérablement sa population. Le port de Syra est un golfe naturel, en partie fermé par une île sur laquelle on a construit un phare. Sur la droite on a élevé une courte jetée et les bâtiments de la douane. C'est là que mouillent les gros navires. En face, une infinité de bateaux à voile sont amarrés au quai. Sur la gauche, on voit un arsenal. Le port forme les trois quarts d'un cercle que des collines protègent de trois côtés contre les vents. La campagne est malheureusement aride et déserte. Il m'a été impossible d'apercevoir un seul arbre au dehors de la ville. Ce qui rend le séjour de celle-ci peu agréable, c'est qu'on ne peut en sortir. Il n'y a aucun but de promenade. Les habitants de Syra ne paraissaient nullement émus par les nouvelles politiques. Ils n'avaient pas connaissance de la démonstration navale et personne ne put nous donner de nouvelles des flottes. Le seul journal qu'on vendait, fort cher du reste, était l'*Éphéméris*, d'Athènes.

Un de mes compagnons de route voyant un gamin passer dans la rue avec de petites feuilles imprimées, crut que c'était un télégramme, le paya généreusement; mais nous reconnûmes bientôt que c'était un vulgaire prospectus annonçant l'ouverture d'un café. Les habitants de Syra ne sont pas beaux. Comme la plupart des insulaires, ils ont le type maltais. La couleur locale a complètement disparu. La hideuse défroque de l'Occident règne sans partage.

XV

LE DÉPART D'ALEXANDRE

Depuis que j'ai quitté la Bulgarie, ce pays est devenu la proie de l'anarchie. Il a tout fait pour décourager ceux qui lui avaient témoigné un peu de sympathie. Après avoir étonné le monde par son ingratitude envers la Russie, il a stupéfié, par la désinvolture avec laquelle il s'est débarrassé du prince Alexandre, qui venait de lui donner la victoire, ceux qui n'ont pas suivi attentivement l'histoire intérieure des Bulgares depuis 1878. Ces événements dénotent, de la part des politiciens bulgares, une absence complète de sens moral, une ignorance absolue des pres-

criptions du droit international, un mépris
profond pour les intérêts des autres nations
et une haine incurable pour tous les étrangers. On les comprend parfaitement lorsqu'on
a lu l'intéressant ouvrage intitulé *Cinq ans
de règne,* que M. Drandar a consacré au
prince Alexandre de Battemberg. On y voit
s'agiter, au-dessus d'un peuple patient et laborieux, qui ne comprend rien, quelques centaines d'ambitieux, dont le seul but est la
possession du pouvoir et qui, pour y arriver,
emploient tous les moyens. Tantôt ils recher-
chent la protection russe ou ils excitent l'opinion contre la Russie. Ils prennent tour à tour
les épithètes de radicaux, de libéraux, ou de
conservateurs. Ces mots n'ont pas grande
valeur en France. Ils n'en ont aucune en
Bulgarie. Ce sont de simples étiquettes placées sur des produits également frelatés.
Ainsi on a vu qu'après avoir été chercher
l'appui du tsar à Saint-Pétersbourg, pour
faire son coup d'Etat de 1881 contre les libéraux zanhovistes, qui, depuis, sont devenus

russophiles, le pauvre Alexandre, ne pouvant
plus compter sur la Russie, est allé demander, à Londres, des encouragements avant
de provoquer la révolution de Philippopoli
et l'invasion de la Roumélie. Depuis ces événements, il ne réussit pas à obtenir le pardon
du tsar qui rappela les officiers et les diplomates russes de Bulgarie.

Pourtant, après la conclusion de la paix
avec la Serbie, les agents russes Bodganoff
et Néklioudoff revinrent à Sofia. Ont-ils organisé la conspiration? Cela n'est pas démontré. Mais il est certain que leur présence seule
pouvait être un encouragement pour les cons-
pirateurs. Ceux-ci trouvèrent un appui dans le
parti zankoviste, les libéraux russophiles éloi-
gnés du pouvoir et auprès des chefs de l'armée qui, s'attribuant la victoire de Slivnitza,
étaient jaloux de la gloire prodiguée au
prince, dont ils contestaient le mérite et auquel ils reprochaient d'être rentré à Sofia, le
jour de la bataille, pour faire emballer ses
objets précieux et expédier le trésor sur

Orhanié. Ces officiers étaient mécontents de
l'avancement immérité donné aux officiers
rouméliotes qui n'avaient pas autant de valeur. Ils crurent que le prince était jaloux des
jeunes officiers qui avaient réellemet rem-
porté la victoire. Les amis du prince accrédi-
taient le bruit que Bendéreff avait commis
une faute et compromis le succès de la journée du 19 septembre, quand au contraire c'est
lui qui commandait l'aile droite et exécuta le
mouvement tournant qui décida de la victoire. Bendéreff resta capitaine, et Grouieff
major, tandis que d'autres, moins capables,
reçurent de l'avancement. Les élèves de
l'Ecole militaire, jeunes étudiants engagés volontaires, espéraient passer officiers. Le prince
les mécontenta en s'y opposant. L'entrée des
officiers rouméliotes, avec de l'avancement
dans les rangs de l'armée bulgare, causa aussi
beaucoup d'irritation. Le clergé était hostile
au prince allemand et protestant. Déjà pendant
que l'on se battait à Slivnitza, le 19 septembre, le patriarche Clément et les Zankovistes

s'apprêtaient à prendre le pouvoir en cas de
défaite. Le ministre de la guerre, Nikiforoff,
ayant été élevé en Russie, était dévoué à ce
pays. On n'a pas oublié que le jour de l'entrée triomphale du prince il avait pavoisé le
ministère avec des drapeaux russes et bulgares. Lorsque le 19 septembre Alexandre
était revenu à Sofia, le ministre de la guerre
avait insisté avec énergie pour lui faire rejoindre son poste de combat. Mais depuis ce
temps Nikiforoff ne cessa d'être en relations
avec le parti russe et il est probable qu'il eut
assez d'influence sur le président du conseil,
M. Karaveloff, pour déterminer celui-ci à ne
pas éventer la conspiration. Des tentatives
de soulèvement avaient déjà eu lieu dans le
sud de la Roumélie et on essaya même d'enlever le prince aux environs de Bourgas. Le
nom du capitaine russe, Nabosoff, fut mêlé
à ce dernier événement, sans que l'on ait pu
prouver qu'il y ait joué un rôle.

L'âme du complot qui a réussi était un
nommé Milaroff, ex-employé du ministère

de l'intérieur, qui avait passé sept ans de
captivité à Constantinople et dont le prince
avait méconnu les services. Ecrivain exalté,
très irrité contre le prince, il servit d'intermédiaire entre le parti libéral et les officiers. Il
s'adressa d'abord au capitaine Dimitrieff, auquel il proposa de faire un enlèvement
comme celui qui avait si bien réussi avec
Chrestovich. Ils embauchèrent près de quarante officiers, notamment ceux du 2ᵉ régiment d'infanterie en garnison à Pernik. Le
plan fut habilement organisé par le capitaine
Bendéréff, qui faisait l'intérim du ministère
de la guerre en remplacement de Nikiforoff,
malade. On avait mis dans la conspiration
le capitaine Vazoff qui alla faire une reconnaissance sur la frontière, et annonça une
grande concentration de troupes serbes. Bendéreff démontra au prince qu'il fallait envoyer à Slivnitza, la cavalerie et deux bataillons du 1ᵉʳ régiment dévoué au prince. Il
fit également venir le 2ᵉ régiment à Pernik.
Il ne resta dans Sofia qu'un seul bataillon sans

cartouches. Dans la soirée du 20 août 1886,
les conjurés se réunirent à Kniagévo, à 8 kilomètres de Sofia. Ils y firent venir le 2ᵉ régiment de Pernik et les deux compagnies des
élèves de l'école militaire. Bendéreff alla, avec
deux bataillons, désarmer le bataillon du
1ᵉʳ régiment campé à un kilomètre et demi
de Sofia. Le major Grouïeff et le capitaine
Paçoff entrèrent en ville, avec le 3ᵉ bataillon du 2ᵉ régiment et les deux bataillons
de l'école. Ils vinrent cerner le palais entre
une heure et deux heures du matin. Ils
firent garder les consulats d'Allemagne et
d'Angleterre. Les factionnaires de la grille
du palais ne se défendirent pas. Alors,
les élèves de l'école tirèrent trois salves
en l'air en criant : A bas Battemberg ! Le
valet de chambre du prince se présenta d'a-
bord, puis le prince lui-même. On l'emmena
au ministère de la guerre. Là on lui fit
signer un acte d'abdication préparé d'avance.
Le major Grouïeff le conduisit à une voiture où il monta avec le capitaine Kardieff.

Une deuxième voiture contenait le frère d'Alexandre, le prince François Joseph, avec le capitaine Zafliroff. Huit autres voitures suivaient dans lesquelles se trouvaient des officiers et des cadets de l'école. Les soldats criaient : A bas les Allemands! A bas Battemberg! Vive la Bulgarie !

Le départ eut lieu vers cinq heures du matin. On conduisit le prince au couvent de Saint-Archangel, dans la montagne, à 15 kilomètres, et on attendit des instructions. Dans la nuit du 22 des ordres furent apportés par le capitaine Yankoff, qui amena les bagages du prince et une somme de 50,000 francs. A quatre heures du matin on enleva à Alexandre son sabre et son uniforme; on lui donna des vêtements civils apportés de Sofia, le convoi se dirigea sur Tachkesen, et on traversa les Balkans par la passe d'Orhanié. A la nuit, on arriva à Wratza où l'aubergiste refusa de recevoir le prince dans son han. On dut l'y contraindre. Le régiment de Plewna n'ayant pas prêté serment au nouveau gouvernement, on évita cette ville et on décida qu'en cas d'attaque le prince serait tué. Le 23 août, à trois heures et demie, Alexandre fut embarqué à Rahova sur un yacht et conduit à Reni sur le territoire russe où on le déposa le 25 août.

Pendant ce temps, un premier gouvernement révolutionnaire fut constitué à Sofia, sous la présidence du patriarche Clément, qui céda la place presque immédiatement à un conseil de régence composé de Karaveloff, Stambouloff et Nikiforoff, avec Nicolaïeff comme commandant en chef de l'armée. Mais les bataillons envoyés à Slivnitza étaient rentrés à Sofia. Le président de la Chambre, qui se trouvait à Tirnova, constitua un autre gouvernement au nom du prince Alexandre; enfin Moutkouroff, qui commandait à Philippopoli, se déclara pour le prince et marcha sur Sofia avec sept batailons. Il y entra le 13 septembre et fit immédiatement arrêter Clément, Karaveloff et Zankoff. On envoya chercher le prince Alexandre qui se trouvait à Lemberg. Il en partit le 28 août et se rendit à Roustchouck, d'où il envoya un télégramme de soumission au tsar. En rentrant à Sofia, après avoir passé par Philippopoli, il reçut la réponse de l'empereur qui désapprouvait son retour en Bulgarie et refusait de s'intéresser à ce pays tant que le prince y resterait. Dès lors Alexandre prit la détermination d'abdiquer. Il rédigea le 28 août un manifeste instituant une régence composée de Stambouloff, Karaveloff et Moutkouroff. Après sept ans d'un règne pendant lequel son pouvoir et sa vie même furent sans cesse menacés, Alexandre, dégoûté de cette population égoïste et ingrate, quitta Sofia le 7 septembre 1886.

Le 25 du même mois on vit arriver à Sofia le général Kaulbars, attaché militaire de Russie à Vienne, qui, en cette qualité, était venu à Pirot pour régler les conditions de l'armistice. Il avait eu, à cette époque, une attitude conciliante et on pouvait espérer qu'il réussirait dans la mission que lui avait confiée l'empereur de Russie. Il commença par réclamer la levée de l'état de siège, la mise en liberté des officiers compromis dans le complot du 21 août et que le prince Alexandre avait grâciés; l'ajournement des élections à deux mois. Ses efforts se brisèrent contre le mauvais vouloir du gouvernement, qui ne voulait pas laisser aux partis le temps de s'organiser et qui se préparait à opérer une pression extraordinaire, pour empêcher les électeurs de connaître la vérité sur la situation et afin de faire passer ses candidats. Le 20 octobre des élections scandaleuses eurent lieu, ou plutôt furent imposées par la terreur. Il y eut des rixes sanglantes. A Dubnitza, deux députés et deux électeurs furent assassinés. Le grand électeur en Bulgarie, c'est le gourdin que l'on a surnommé la Constitution de Tirnovo, *Tirnovosky-Constitutio*. J'ai déjà eu occasion de raconter comment on faisait voter les Tsiganes. Cette parodie du régime parlementaire est grotesque, et cela explique l'exaspération du général Kaulbars, s'efforçant d'é-

clairer les électeurs, allant parler sur la voie
publique, ce qui ne serait pas la place d'un
général ni d'un diplomate, dans un pays moins
étrange que la Bulgarie. Bien que le général
eût déclaré le 26 octobre que les décisions de
la grande Sobranié ne seraient pas reconnues
par le tsar, elle se réunit le 31 octobre à Tirnovo et commit un nouvel attentat contre les
traités internationaux, en admettant dans son
sein les députés de Roumélie. Cette Assemblée élut, le 18 novembre, le prince Valdemar
de Danemarck, qui n'accepta pas. M. Karaveloff se retira de la régence. Puis le général
Kaulbars, n'ayant pu obtenir réparation d'un
attentat commis contre un kavass du consulat russe de Philippoli, quitta Sofia le 20 novembre avec tous les consuls russes de Bulgarie et de Roumélie. Depuis lors différentes
candidatures, notamment celle du prince de
Mingrélie, furent mises en avant. Une tentative de soulèvement, organisée par les réfugiés
bulgares de Roumanie, ayant eu lieu à Routschouk, la répression se fit avec une cruauté

inouïe qui a achevé de démontrer que les gens
qui détiennent le pouvoir sont réellement des
barbares, se croyant sûrs de l'impunité et
encouragés par l'indulgence coupable de l'Europe. On a eu à déplorer l'assassinat d'un
officier distingué, élevé en France, l'infortuné
Panoff, qui commandait l'artillerie pendant
la guerre serbo-bulgare.

Enfin l'assemblée de Tirnovo, grisée par
les excès des régents et croyant mettre fin à
la situation intolérable du pays, élut à
l'unanimité un jeune officier de honveds hongrois, le prince Ferdinand de Saxe-Cobourg.
Ce jeune homme, qui avait déjà visité la Bulgarie et qui passait pour avoir le goût de l'or-
nithologie, est un petit-fils de Louis-Philippe,
par sa mère la princesse Clémentine. Il paraît
que la vue de sa photographie a déterminé,
sur les députés bulgares, ce que Stendhal
appelle le coup de foudre. Il n'est pourtant
pas beau, il est presque imberbe, possède un
nez énorme et de petits yeux, ce qui n'est pas
ordinairement l'indice de sentiments géné-

reux. Ferdinand Ier a reçu une délégation, au château d'Ebenthal, et il a déclaré qu'il fallait respecter les traités, justifier la confiance de la Porte et reconquérir les sympathies de la Russie, à laquelle la Bulgarie doit son émancipation. En effet, l'adhésion des puissances étant nécessaire, le prince ne pouvait aller à Sofia avant de l'avoir obtenue. Il négocia, pendant quelques jours, pour essayer de faire oublier l'origine illégale de la grande Sobranié. Mais n'ayant pas réussi à vaincre la résistance de la Russie, ni à obtenir l'adhésion officielle d'aucune puissance et cela bien qu'il ait promis de se soumettre au respect des traités, il se décida quand même à partir, au grand étonnement de tous, à la profonde indignation des Russes. C'est quelques jours après l'entrevue de Gastein, entre l'empereur d'Autriche et celui d'Allemagne, qu'il a pris cette détermination. Peut-être les conseillers du prince ont-ils cru que les paroles d'amitié échangées entre les deux souverains étaient un encoura-

gement suffisant. Le gouvernement de Vienne
a suivi, dans cette affaire, une politique équi-
voque et assumé une grande responsabilité.
L'empereur d'Autriche avait le droit de refuser
la démission de cet officier de la landwehr.
Il pouvait lui interdir de se rendre à Sofia et
le faire arrêter à la frontière, lorsqu'il l'a
franchie le 10 août 1887.

XVI

COBOURG ET SON MINISTÈRE

En arrivant à Viddin, Ferdinand Iᵉʳ a lancé une circulaire à l'Europe, comme si le prince de Bulgarie avait le droit de correspondre avec les autres gouvernements, autrement que par l'intermédiaire de son suzerain. Dans ce document étrange, il a rappelé qu'il avait promis de n'accepter le trône qu'avec l'assentiment des puissances signataires du traité de Berlin. Cette autorisation lui ayant été refusée, il passait outre. Ainsi il commençait par manquer à sa parole. C'était un triste début. Par une subtilité, bien jésuitique, il avouait s'être décidé pour cette raison qu'il n'avait été fait aucune objection à sa personne, qu'on se bornait à contester la légalité de son élection, ce qui est une affaire intérieure de la Bulgarie. Le sophisme est absolument enfantin. On peut, comme Musset, dédaigner le flacon, pourvu qu'on ait l'ivresse. Mais ce n'est pas le cas de l'Europe. C'est l'ivresse qu'elle repousse ; le flacon lui importe peu. Si elle ne s'est pas occupée de la personne élue par la Sobranié, c'est parce qu'elle ne reconnaît à celle-ci le droit d'élire qui que ce soit. Comment Ferdinand a-t-il pu en conclure que ce veto ne le visait pas, lui, personnellement ? Il est impossible d'être plus bête et plus fourbe. Où ce jeune homme a-t-il vu que les affaires intérieures de la Bulgarie ne regardaient pas l'Europe ? La Bulgarie n'est pas indépendante. Elle fait partie de l'Empire ottoman, où les capitulations sont encore en vigueur et où les traités donnent le droit à toutes les puissances, qui les ont signées, de se mêler de la politique intérieure du pays. Sans cette intervention, la

Bulgarie n'existerait pas. C'est la diplomatie européenne qui a inventé cette principauté et essayé de ressusciter une petite nation morte depuis cinq siècles et dont les Russes eux-mêmes ne soupçonnaient pas l'existence lorsqu'ils sont venus, en 1828, dans les Balkans. Les paroles de circonstance adressées par le prince à l'archevêque de Widdin, ressemblent à celles qu'on prononce en pareil cas. C'est bon à dire au peuple ! s'écriait Lucrèce Borgia. Et encore faut-il que ce peuple soit aussi ignorant que les Bulgares, pour croire au devoir sacré qui poussait le jeune Cobourg dans cette aventure. Personne ne partagera ses naïves illusions au sujet de l'avenir brillant et heureux qu'il a promis à ses sujets.

Ferdinand est arrivé le 12 août à Routschouk. Le lendemain il est parti pour Sistova et Tirnovo. Le 14 il s'est présenté devant la Sobranié. Il a juré fidélité à la constitution, il a signé son serment, et cela un mois à peine après qu'il avait promis de respecter le traité de Berlin. Quelle confiance peut-on avoir dans la personne de ce jeune écervelé? Les agents des grandes puissances ont reçu l'ordre de n'avoir aucun rapport officiel avec lui. La Porte a rappelé son commissaire Riza-bey. Quand on pense que le prince Alexandre, élu régulièrement, reconnu par toutes les puissances, n'a pu se maintenir malgré la gloire récoltée à Slivnitza, on se demande par quelle aberration le Cobourg a pu penser qu'il réussirait, lui qui n'a ni les aptitudes militaires, ni la belle prestance de son prédécesseur. Pour comble de maladresse, Ferdinand a tenu à passer par Philippopoli, ce qui aggravait sa situation. Le général Kaulbars avait évité soigneusement de s'y rendre, afin de bien marquer qu'il ne reconnaissait pas la révolution qui avait renversé le gouvernement légal de Chrestovich-Pacha.

Le Cobourg a fait son entrée le 18. Depuis plusieurs jours les autorités et les gendarmes avaient pris des mesures pour organiser un enthousiasme de commande. On

forçait les habitants à acheter des drapeaux
neufs, ayant au moins un mètre et des lam-
pions aux initiales du prince. Les boutiquiers
étaient contraints de fermer leurs magasins
et de les orner de feuillage. Les récalcitrants
recevaient des coups de fouet et étaient con-
damnés à une amende de 25 à 100 fr. La
réception a été froide, le prince s'est rendu à
l'église catholique où l'évêque Manini voulait arborer le drapeau français. Par suite de
l'opposition de notre consul, M. Boysset, il
se contenta de hisser le drapeau pontifical
qui est de couleur blanche. Il paraît que ce
qui a décidé les députés bulgares à choisir le
Cobourg, c'est parce qu'on leur a dit qu'il
était riche. Ils ont cru que le nouvel élu ne
leur coûterait rien mais, au contraire, dépen-
serait ses revenus dans le pays.

Le 22 août, juste un an après que le prince
Alexandre prisonnier quittait Sofia, Ferdinand y fit son entrée. Il avait endossé son
grand uniforme, avec le bonnet d'astrakan
blanc. Il paraît que la petite tenue qu'il por-

tait à Philippopoli n'avait pas produit assez d'effet. Mais malgré ses nombreuses décorations, il ne réussit pas à exciter l'enthousiasme des habitants de Sofia. Sur son passage, la population fut plutôt gouailleuse. Ainsi à la vue du major Popoff, ancien instituteur, officier improvisé, qui avait juré de n'accepter d'autre prince que Battemberg, la foule criait avec ironie : Vive le fidèle Popoff ! Dans la suite se tenait Stoïloff, triste et poudreux. Une voix, sortie des rangs du peuple, lui cria : Soyez donc plus gai, vous n'avez pas l'air de croire que c'est arrivé !

A la cathédrale, le métropolitain Clément a prononcé une allocution d'une hardiesse extraordinaire. Il a dit que le peuple remercierait Dieu de lui avoir donné un chef qui ne tolérera plus les arrestations arbitraires, qui mettra fin aux luttes intestines, fermera ses oreilles aux cris de la haine, rétablira l'égalité, rendra aux citoyens les droits qu'un parti leur a enlevés ainsi que la liberté confisquée. L'archevêque a en outre rappelé ironiquement au prince sa déclaration aux délégués bulgares quand il leur parlait de la reconnaissance éternelle qu'ils doivent à la grande-Russie et il l'a invité à réconcilier les libérés avec leur puissant libérateur. Ces paroles ont irrité furieusement le Cobourg qui ordonna au métropolitain de quitter Sofia. Clément répondit qu'il ne relevait que de l'exarque Joseph qui habite Constantinople. On s'adressa à celui-ci qui refusa. Alors on découvrit dans un village voisin un ancien exarque nommé Anselme et on le désigna comme chef de la religion des Bulgares. L'anarchie politique s'est compliquée d'un schisme religieux, ce qui a produit beaucoup d'émotions dans le monde orthodoxe. Ce prince qui est catholique ne pouvait pas commettre une plus grande faute. On assure qu'il a été poussé dans son aventure par les jésuites qui essayent vainement depuis quelques années de convertir les Bulgares au catholicisme. Ils espèrent réussir grâce au prince Ferdinand. Celui-ci a commis plusieurs maladresses. Il a mécontenté l'armée en nommant Montkouroff colonel et en choisissant un régiment de Tirnova pour sa garde personnelle.

J'ai eu en mains une lettre émanant d'une personne qui avait voyagé avec le prince et qui assure qu'il n'a aucun avenir en Bulgarie. C'est un aristocrate orgueilleux et plein de morgue. Il veut, avec son entourage autrichien, introduire une étiquette méticuleuse, dans un pays de cultivateurs dont les mœurs sont essentiellement démocratiques, car un certain nombre de députés sont encore vêtus de peaux de mouton et couchent sur la terre. Le prince a plusieurs fois offensé Natchevich qui regrette amèrement d'avoir inventé la candidature de cet ingrat dont il n'a pu obtenir qu'une cabine de deuxième classe, à bord de l'*Orient*, pendant le voyage sur le Danube, tandis que les adjudants autrichiens étaient en première. Ce nombreux entourage d'étrangers insolents déplaît fort aux Bulgares qui se rappellent qu'Alexandre n'avait avec lui

que deux amis d'enfance. La comparaison
avec le prince Alexandre est écrasante pour
son successeur. Les femmes disent que l'autre était plus beau, les hommes qu'il était
moins fier. Chacun constate que l'on a perdu
au change.

Il n'y a plus de sécurité dans le pays. Quelques jours après le débarquement du prince,
on a arrêté aux environs de Routschouk deux
riches négociants musulmans de cette ville
et, après les avoir volés, on les a brûlés vifs.
Les parents et amis des victimes ayant été demander justice, le préfet de cette ville, l'horrible Mantoff en fit arrêter deux cents, sous
prétexte qu'ils connaissaient les noms des
assassins. Peu de temps auparavant un entrepreneur français M. Bonnifay qui venait de
terminer le chemin de fer de Vakarel a été
arrêté, maltraité et volé sans scrupule par les
gendarmes et les autorités. A Routschouff
trois Français ont été victimes des exactions
des autorités. L'un fut emprisonné injus-
tement malgré les réclamations de notre vice-

consul, un autre ne pouvant payer un impôt réclamé indûment, puisque nos nationaux en sont exemptés par les capitulations, le préfet Mantoff fit démolir sa maison. La sécurité du consul de France étant elle-même menacée, le gouvernement français a donné à son représentant à Routschouck un congé illimité. Il a agi de même à l'égard de Flesch agent et consul général à Sofia.

Après bien des difficultés, le prince Ferdinand est parvenu à former un ministère. Il a été obligé de menacer les récalcitrants de constituer un pouvoir militaire et dictatorial. Stambouloff, qui se disait malade, avait en réalité reconnu qu'il n'y avait rien à espérer de Cobourg, à la suite de l'hostilité des puissances. Natchevitch boudait à la suite des humiliations que lui avait fait subir l'usurpateur. Enfin Stambouloff se décida à accepter la présidence du conseil. M. Guillemont a raconté dans le *Siècle* que cet individu taré avait été condamné et emprisonné pour vol à Bucarest et qu'il avait été poursuivi pour

tentative d'assassinat contre un prêtre bulgare, domicilié dans la capitale de la Roumanie et qui avait refusé de lui donner de l'argent. Tour à tour président de la Sobranié,
puis régent, il a pris le ministère de l'intérieur.
Il regrette de s'être compromis dans l'élection
de Ferdinand et il voudrait bien le voir partir.
Il ne s'est pas gêné pour dire : « Nous avons
bien trouvé Cobourg, au besoin nous pourrions en trouver un autre. » Natchewich,
qui a des prétentions à la diplomatie et qui se
croit sacrifié à Stambouloff, est mécontent de
n'avoir pas pu diriger le gouvernement. Il
est devenu franchement hostile au prince
ingrat, dont il a inventé la candidature et
qu'il se flattait de pouvoir faire marcher à sa
fantaisie. Il est honteux d'être obligé de se
contenter du ministère des finances et d'avoir
été obligé de céder les affaires étrangères.

Ce poste est adjugé à Stransky, l'un des
auteurs de la révolution de Philippopoli. Cet
ancien aide-pharmacien, qui se fait appeler
docteur, dans un pays où le diplôme n'est

pas exigé, a vainement sollicité un emploi
d'Aleko pacha, avant de devenir révolutionnaire. On l'a pris dans le cabinet pour para-
lyser l'influence du parti Radoslawoff et
Nicolaïeff qui a beaucoup de partisans dans
la Roumélie orientale. Un des anciens régents, celui qui avait remplacé Karaveloff,
M. Jivkoff, et qui était le Lépide de ce trium-
virat, occupe le portefeuille de la justice. A
la guerre, on a mis le colonel Moutkouroff,
le plus honnête, peut-être et le plus nul
de tous. Cet ancien instituteur était en
1879 sous-lieutenant dans la légion bulgare.
Il a eu un avancement aussi rapide qu'immérité. Serviteur docile du consul anglais de
Philippopoli et garde du corps de Stambouloff, il excite bien des envieux dans l'armée :
c'est pourquoi le prince a cru nécessaire
d'élever Nicolaïeff et Pétroff au grade de
général.

Suivant M. Karaveloff, qui a été longtemps
le chef du parti national, le prince n'est que
le chef du parti qui l'a porté au pouvoir, mais

nullement celui de la nation. Si l'état de
siège avait été réellement levé et les élections
libres, l'opposition aurait eu la majorité
aux élections. L'ancien président du conseil
a déclaré que s'il était de nouveau appelé
au pouvoir, il conseillerait au prince de s'en
aller, car il est entaché par son origine
autrichienne et il sera toujours un obstacle à la réalisation de la réconciliation avec
la Russie, sans laquelle la Bulgarie ne peut
vivre, car elle serait envahie économique-
ment, financièrement et politiquement par
l'Autriche qui a des visées sur la Macédoine
et empêcherait toujours la Bulgarie de s'en
emparer. Nous avons connu Karavéloff à une
époque où il affectait d'être turcophile. Or,
non content d'avoir envahi la Roumélie, il
rêve encore de conquérir la Macédoine et
d'aller à Salonique avant l'Autriche. Le meilleur de tous ces hommes d'État qui ont
poussé en une nuit, comme des champignons,
ne vaut décidément rien. L'égoïsme, l'absence de scrupules, l'ignorance du droit des

gens sont les défauts communs à tous les politiciens bulgares.

Aussitôt après l'arrivée de Cobourg en Bulgarie, toutes les puissances ont reconnu que sa présence dans ce pays était illégale. Mais tandis que la Russie, l'Allemagne et la France n'admettaient pas de circonstances atténuantes, l'Angleterre, l'Autriche et l'Italie semblaient croire que son élection était légitime et que son voyage seul ne l'était pas.

L'unité de l'Italie reposant sur le principe des nationalités, les diplomates italiens affirment qu'ils ne peuvent, sans illogisme, le combattre hors de chez eux. En plusieurs circonstances, ils ont fait des déclarations de ce genre. M. Blanc, ambassadeur à Constantinople, tenait dernièrement un langage analogue au sultan. Il serait facile de démontrer que l'Italie n'a pas toujours été aussi intransigeante, et que les empires, avec lesquels elle est alliée, ne sont pas précisément fondés sur le droit des peuples. L'Allemagne n'a jamais consulté les Danois ni les Alsaciens avant de les annexer.

L'Autriche ne possède pas le Tyrol, l'Istrie et la Bosnie au nom du principe des nationalités. Quant à l'Angleterre, cette autre amie de l'Italie, on sait la manière dont elle traite les Irlandais, les Égyptiens et les Hindous. Lors des affaires de Grèce, l'Italie avait quelque peu oublié, ce me semble, son fameux principe, car elle était une des plus ardentes à le combattre.

Il est étrange que ce soit seulement quand il s'agit des Bulgares que les hommes d'État italiens se souviennent de ce fameux principe. Il est possible que l'on ne se rende pas bien compte, en Italie, de ce que c'est qu'une nationalité.

Il ne suffit pas qu'un groupe d'hommes parlent la même langue et suivent la même religion pour constituer une nationalité. L'Italie est vraiment trop modeste quand elle ne dédaigne pas de se comparer, elle qui a une civilisation très raffinée, une littérature admi-

rable, des arts incomparables et un passé
glorieux, avec ces peuplades à demi sau-
vages, sans culture intellectuelle ou artistique, dépourvues d'idéal, sans passé comme
sans avenir, qui ont été tirées du néant par
la main puissante de la Russie et qui y retom-
beront quand elle cessera de s'intéresser à
elles. La Bulgarie est le produit d'une erreur
des panslavistes qui ont imposé à la Russie
d'énormes sacrifices que tout le monde regrette aujourd'hui. Les Bulgares, les Bosniaques, les Arabes, les Égyptiens, les
Grecs, comme les Monténégrins, les Albanais, les Arméniens, les Kurdes, les Maro-
nites, les Druses, les Lazes et une infinité
d'autres groupes de population, ne forment
pas des nationalités. Leur nom s'est conservé
grâce à l'excessive tolérance du gouvernement ottoman, qui respectait les langues, les
coutumes, les religions, et accordait l'autonomie aux tribus et aux communes. A notre
époque, où les peuples tendent à former de
grandes unités, le séparatisme et l'émiette-

ment de l'Orient est aussi absurde que de vouloir considérer comme autant de nationalités distinctes les diverses provinces de la France. Les Normands, les Bretons, les Gascons, les Auvergnats, les Provençaux, etc., ont des caractères bien différents. Est-ce une raison pour en faire des États séparés ?

Il a plu, à la Russie, de choisir dans la quantité des peuples de la Turquie, quelques collectivités auxquelles elle s'est intéressée particulièrement et auxquelles elle a prodigué son or et son sang dans l'espoir d'en faire des peuples. Il plaît aujourd'hui à la Russie de reconnaître qu'elle s'est trompée et qu'elle ne peut compter sur la reconnaissance de gens peu dignes de l'émancipation qu'ils lui doivent. Elle a parfaitement le droit d'avouer son erreur et de préférer l'amitié d'un grand État, comme l'empire ottoman, à celle d'une petite province vassale, exploitée par une poignée d'ambitieux. Les Russes, intelligents comme M. Labanow, de Nélidow et le général qui a écrit la brochure intitulée l'*Alliance franco-russe*, comprennent parfaitement que l'alliance turque est une nécessité pour la Russie, dont elle couvre toute la frontière méridionale et empêche une attaque par la mer Noire. La prise de Constantinople ne ferait qu'affaiblir la Russie qui a tout avantage à s'entendre avec le tout plutôt qu'avec la partie. Les Bulgares ne peuvent pas invoquer le principe des nationalités, car ils ont contribué à désagréger la nationalité ottomane. Ils ne sont plus des victimes, mais des oppresseurs, des envahisseurs. Ils ont volé la Roumélie orientale. Ils sont cause qu'en 1878, près de cinq cent mille musulmans ont quitté leurs foyers et sont morts, par le fer, le froid ou la faim. Je suis certes aussi grand partisan des nationalités que les Italiens, mais je suis plus logique. Je m'intéresse aux Égyptiens, aux Irlandais, aux Hindous comme à tous les peuples opprimés. Je ne fais même pas d'exception pour les indigènes d'Algérie, qui sont victimes de notre domination. Mais je ne puis oublier qu'en

Orient les plus à plaindre ne sont pas les
chrétiens ingrats que la Russie a protégés.
Les victimes intéressantes du fanatisme religieux de l'Europe, ce sont les musulmans.
Pour moi, la nationalité la plus intéressante
c'est la nationalité ottomane. Je ne suis pas
assez simple pour croire que l'ambition de
quelques centaines de politiciens, ou la protection d'un puissant empereur, soit suffisante
pour faire sortir de terre un peuple qui pendant cinq siècles a vécu en tutelle et qui aujourd'hui est décapité depuis l'exode de la
classe dirigeante composée d'ottomans. Je
ne saurais élever à la dignité de nation toutes
les peuplades de l'Afrique centrale ou de l'O-
rient. Je sais éviter la confusion que l'on
semble commettre facilement en Italie, où
l'on est tenté de voir un nouveau Piémont
dans chaque petit peuple qui s'agite au milieu de la presqu'île des Balkans. Le malheur, c'est qu'il y a plusieurs peuplades qui
se jalousent, se détestent et ont également la
prétention d'arriver à la domination, en imi-

tant le Piémont. La sagesse de l'Europe consiste à n'en encourager aucune et à leur tra-
cer des limites infranchissables.

J'ai reçu une brochure, imprimée en Roumanie, c'est l'appel qu'un exilé bulgare,
M. Neitchoff, ancien député, adresse, au nom
de ses compatriotes opprimés, aux grandes
puissances pour les prier de délivrer sa patrie. Les grandes puissances sont certainement désireuses de rendre la liberté aux Bulgares. Mais la difficulté est de savoir comment procéder. Est-il prudent d'attendre que
les Bulgares se débarrassent eux-mêmes du
parti qui les tyrannise? Les puissances doi-
vent-elles se contenter de rappeler leurs
agents? Le *Journal de Saint-Pétersbourg*
a déclaré, avec raison, que ce serait une réparation insuffisante. Panitza, l'ancien chef
des volontaires, le cruel aventurier qui faisait
fusiller de jeunes étudiants parce qu'après
l'armistice ils demandaient à rentrer chez
eux, comme ils en avaient le droit, Panitza
a menacé de résister même à la Russie. Je

pense que si une disivion russe débarquait à
Varna pendant qu'une division turque des-
cendrait des hauteurs du Rhodope dans le
bassin de la Mariza, toute résistance cesse-
rait bientôt. L'ordre serait vite rétabli et les
traités respectés. Je sais que les Turcs n'ont
pas d'argent et je comprends très bien les hésitations de la Turquie. L'Europe ne l'a pas
habituée à beaucoup de justice. Elle n'ignore
pas que, si elle intervenait seule, le fanatisme
religieux du monde slave serait surexcité.
Elle considère volontiers la Roumélie comme
perdue pour elle. C'est avec étonnement
qu'elle voit d'autres peuples se montrer plus
jaloux qu'elle même de ses droits. Il est probable que le sultan préférerait l'indépendance de la Bulgarie à cette suzeraineté
pour lui, n'a que des inconvénients sans aucun avantage. Il ne peut, sans se suicider,
laisser la Russie venir seule rétablir l'ordre
chez lui. Une intervention à deux n'est
pas sans inconvénients, car elle peut se
terminer comme celle des duchés danois.

Cependant il faut prendre une résolution.

La Porte pourrait signer avec la Russie une convention délimitant la sphère d'action des deux puissances. Les troupes ottomanes occuperaient les Balkans d'une manière définitive, ainsi que le traité de Berlin les y autorise. Puis on pourrait favoriser l'émigration de quatre cents mille musulmans au sud des Balkans et celle de quatre cents mille Bulgares au nord, de façon à ce que la Roumélie restât province turque. Les Turcs doivent éviter la faute commise par la France en laissant les Anglais aller seuls en Égypte. De même que nous aurions dû occuper le canal et le conserver jusqu'au départ des Anglais, les Turcs doivent occuper la Roumélie et les Balkans comme un gage.

Qu'ils n'écoutent pas les conseils des Anglais qui veulent sacrifier la Roumélie pour sauver la Macédoine. On a déjà abandonné la Roumanie, la Serbie et la Bosnie pour conserver la Bulgarie, puis la Bulgarie pour garder la Roumélie; demain on serait

obligé d'abandonner la Macédoine pour
sauver Constantinople. Au lieu de reculer
sans cesse, comme les Peaux-Rouges devant
la civilisation, que les Osmanlis prennent
donc l'initiative et qu'ils rentrent hardiment
sur un territoire qui est à eux, puisque personne ne conteste leur droit et qu'on les
invite à rendre à la civilisation des provinces
superbes, livrées à la barbarie et à l'anarchie.

La Russie ayant proposé à la Porte
d'accepter comme lieutenant princier le
général Enroth qui, en 1881, était ministre
de la guerre du prince Alexandre, la Porte
a demandé à l'Allemagne sa méditation pour
faire accepter cette combinaison par les
autres puissances. Le prince de Bismarck a
répondu qu'il appuierait cette proposition
si elle était faite directement par la Russie
ou par la Turquie. On ne sait encore ce que
décidera la Porte. Mais, suivant M. Karavéloff, l'accord se fera entre les puissances et,
moyennant certaines concessions à l'Alle-

magne, la Russie pourra occuper Varna et la
Turquie Bourgas. Alors ce sera la guerre
civile. L'ancien régent estime que tout est à
craindre à l'intérieur. Cela ne saurait effrayer
l'Europe qui veut revenir franchement au
traité de Berlin, qui estime que les Bulgares se sont assez moqués de nous depuis
deux ans. Leur prétention de remorquer à
leur suite les grandes puissances, est grotesque. Rien n'est plus révoltant que l'odieux
égoïsme de ceux qui jouent avec le feu,
sans craindre d'allumer un embrasement
général en Europe. Ce n'est pas pour faire
plaisir à ce méchant petit peuple que des
millions d'hommes seront mis en mouvement ; les nations européennes ne s'é-
gorgeront pas pour si peu. Mieux vaudrait
faire disparaître cette cause infime de dis-
corde. L'entente russo-turque peut mettre fin
à l'intolérable anxiété du monde civilisé.

En attendant, les Bulgares continuent à se
moquer de la diplomatie européenne. Persuadés que jamais les chancelleries ne pourront se

mettre d'accord sur le moyen pratique de les ramener au respect du droit international, ils persistent à narguer les grandes puissances. Ils ont procédé le 9 octobre à de nouvelles élections, dont le besoin ne se faisait nullement sentir, dans le but unique de prouver à l'Europe qu'on ne la craint pas, parce qu'elle est trop divisée.

Ces élections ne peuvent tromper personne sur les véritables aspirations du peuple bulgare, car on connaît les procédés employés par la faction qui détient le pouvoir pour imposer ses candidats. Il s'est fondé une société qui s'intitule Ligue des patriotes et dont les procédés rappellent les *gourdins réunis* de la fin de l'Empire. La liberté de presse et de réunion a été supprimée, on a détruit des imprimeries, des perquisitions ont eu lieu au domicile des candidats de l'opposition.

On a emprisonné et fait bâtonner, par les gendarmes, des journalistes accusés d'avoir envoyé des correspondances à des journaux russes. Les correspondants étrangers devaient soumettre leurs lettres et leurs télégrammes à la censure du gouvernement, sous peine d'emprisonnement et d'expulsion. L'abstention de l'opposition était donc forcée et le vote arraché, à coups de bâton, à une population ignorante et craintive, n'a aucune valeur.

Le parti qui s'est emparé du pouvoir a fait lui-même la demande et la réponse. Il fallait s'attendre au résultat de ce simulacre de consultation électorale. L'opposition n'avait pas d'autre alternative que de s'abstenir ou de recourir à la guerre civile. Elle s'est abstenue presque partout. Pourtant des rixes sanglantes ont eu lieu à Plevna, Rahovitza, Lom-Palanka, Kutlovitza, Gabrova et plusieurs autres localités. Le nombre des morts et des blessés est de 303 et il n'y a que 220 députés. Chaque élu représente donc un meurtre. Il y a eu 58 morts et 20 blessés en danger de mort. Les magistrats qui ont voulu faire une enquête ont été révoqués. On assure que le tsar aurait été élu dans une localité.

La faction gouvernementale ne manquera pas de profiter d'une victoire si peu glorieuse. Une des premières mesures que prendra M. Stambouloff consistera à faire voter la revision de la constitution. Le Cobourg veut mettre en pratique les théories exposées dans le dernier manifeste du comte de Paris. Il supprimera la responsabilité ministérielle et rétablira la censure préventive pour toutes les publications. La nouvelle Assemblée ratifiera l'élection du prince, et on espère que certaines puissances reconnaîtront ce choix. L'appui de l'Allemagne serait même assuré. Bien que cette puissance affecte de se tenir à l'écart, c'est elle qui, secrètement, exciterait les ennemis de la Russie, au dire du *Pester Lloyd*. Ce qui est certain, c'est qu'elle s'est laissé jouer dans l'affaire de Roustchouk, car le préfet de cette localité, l'odieux Mantoff, est revenu à son poste. Si l'Allemagne n'a pas été dupe, il faudrait admettre que ses menaces étaient une comédie.

Ce qui encourage les aventuriers de Sofia

dans leur insurrection contre l'Europe, c'est
la division des puissances et principalement
la difficulté qu'éprouvent la Porte et la Russie,
pour se mettre d'accord, au sujet des mesures
à prendre. L'entente existe bien en principe,
mais c'est à propos de l'emploi des moyens
pratiques que l'on continue à négocier. La
discussion ne porte que sur des nuances insi-
gnifiantes. Les dernières propositions de la
Russie, en réponse à celles de la Porte, demandaient l'envoi, comme lieutenant princier, du général Enroth, assisté d'un commissaire ottoman. Il serait chargé de former
un nouveau ministère et aurait une grande
latitude pour le choix des ministres; il procé-
derait aux élections dès qu'il se serait rendu
compte de la situation, mais en excluant les
Rouméliotes. La durée des pouvoirs du lieutenant princier serait de quatre mois au mini-
mum, et la Russie ne croirait pas nécessaire de
dresser immédiatement une liste de candidats.

La Porte n'a pas encore dit son dernier
mot. Elle voudrait qu'on arrêtât la liste des

candidats avant l'envoi du général Enroth.
Ce n'est pas cela qui peut retarder la solution. Les hésitations de la Porte viennent de
ses doutes sur l'efficacité des moyens pratiques. On croit, en Russie, qu'il suffira au
sultan de proclamer la déchéance du prince
Ferdinand, comme contraire au traité de
Berlin. On a parlé aussi de réunir une nouvelle conférence; mais on en a déjà tant vu
fonctionner, et qui n'ont rien fait de bon, que
le scepticisme à leur égard est bien permis.
D'ailleurs, l'empereur de Russie n'en est pas
partisan.

Le bruit s'est répandu à l'étranger que la
France proposait la réunion d'une conférence
pour le règlement des affaires bulgares. Ce
qui a donné de la consistance à ce bruit, c'est
que les délégués des créanciers français de la
Turquie ayant signalé, à M. Flourens, le préjudice que leur cause la situation actuelle, le
ministre a répondu qu'il se préoccupait de
sauvegarder leurs intérêts, et qu'il les défen-
drait à la prochaine conférence.

C'est une grande erreur de croire que nous n'avons aucun intérêt dans les Balkans. Indépendamment de la politique générale, du groupement des puissances, des alliances possibles et de la question de paix ou de guerre européenne, qui peut dépendre de l'état d'anarchie existant dans les Principautés, nous ne devons pas oublier que les créanciers français éprouvent un préjudice considérable. En effet, la Bulgarie et la Roumélie ne paient pas leur tribut, ni la part de la dette qui leur a été attribuée par le congrès de Berlin. Or, ce sont des garanties dont on frustre les créanciers.

Les personnes qui se plaignent que la Turquie ne paie pas ses dettes ne sont pas logiques en favorisant ceux qui l'empêchent de tenir ses engagements et qui, depuis plus de dix ans, encouragent les insurrections sur son territoire. La France, non seulement au point de vue politique et commercial, mais même en ne la considérant que comme simple créancière, a toujours perdu, chaque fois que l'on a amoindri la Turquie. La révolution de Philippopoli n'a eu, pour nous, d'autre résultat que l'établissement d'une ligne de douane qui nous a fait perdre le marché de la Roumélie. Nous sommes donc directement intéressés au rétablissement du *statu quo*, tel qu'il existait avant les funestes événements de Philippopoli.

Il est triste de penser que la paix de l'Europe est toujours en danger, que des millions d'hommes peuvent s'égorger d'un moment à l'autre, et cela, parce qu'un petit prince allemand voulait épouser la fille du prince impérial, qui est en même temps la petite-fille de la reine d'Angleterre. Cette union étant impossible tant qu'il restait vassal d'un souverain musulman, il a envahi la Roumélie et cherché à se rendre indépendant. C'est pour une pareille futilité que l'équilibre européen a été rompu! Et l'on s'étonne que les peuples manquent de confiance et que les gouvernements perdent de leur prestige!

FIN

TABLE DES MATIÈRES

FIN DE LA TABLE

ÉMILE COLIN. — Imprimerie de Lagny.

www.ingramcontent.com/pod-product-compliance
Lightning Source LLC
LaVergne TN
LVHW020619060726
842526LV00003B/793